Genealogie van het geslacht Willems

Bas Roeling

Genealogie van het geslacht Willems

Genealogisch & Heraldisch Bureau S. Roeling

Tekst in deze uitgave: © Jkr. Dr. Sebastiaan Eduard Markus Roeling 2021

ISBN: 978-1-716-08456-0

NUR 680, Geschiedenis algemeen

Eerste druk, januari 2021 Bergschenhoek

Genealogisch & Heraldisch Bureau S. Roeling

Inhoud

Inleiding

De stamvader van het geslacht Willems heette Joannes. Zijn zoon Petrus was militair in het Koninkrijk Holland (onder Napoleon) en overleed in 1810 te Gorinchem. Het lijkt erop dat er een band was met Delft, want daar was één van zijn kinderen geboren en dat is ook waar zijn weduwe zich vestigde na zijn overlijden.

Omdat het niet bekend is waar Petrus is geboren of wie zijn moeder was is het niet mogelijk verdere voorouders te vinden. Er waren immers vele personen die het patroniem Willems(e) of een variant daarvan voerden.

Door het huwelijk tussen Pieter Willems en Jannetje Richert (Riekert) stammen hun nakomelingen af van keizer Karel de Grote. Hun achterkleindochter, Grietje Martijntje (Gré) Willems, huwde Petrus Jozef (Piet) Fredriks, eveneens een nakomeling van Karel de Grote. Hun gemeenschappelijke voorouder is graaf Floris II van Holland.

De aanleiding voor het samenstellen van de genealogie van het wisselend Nederlands-Hervormd dan weer Rooms-Katholieke geslacht Willems is de verwantschap van mijn vrouw met deze familie via haar grootmoeder Grietje Martijntje Willems (zie: 7.1). Gré huwde op 23-04-1946 te Rotterdam met Piet Fredriks. Samen kregen zij zes kinderen, waaronder mijn schoonmoeder Johanna Carolina Francisca (Joke) Fredriks.

Herkomst de geslachtsnaam Willems

Veel familienamen zijn ontstaan uit patroniemen, ook wel vadersnamen genoemd: namen die verwijzen naar de voornaam van iemands vader en zo de familierelatie kenbaar maken. Als vaders voornaam Hendrik is, dan is Hendrikszoon het patroniem van zijn zoon en Hendriksdochter het patroniem van zijn dochter. Het achtervoegsel -zoon of -dochter werd afgekort of verbasterd: Hendriksz., Hendriksen, Hendriksdr. Of het werd weggelaten, al dan niet met behoud van de tussen -s: Hendrik(s).

Van de vroege middeleeuwen tot de invoering van de burgerlijke stand in de 19de eeuw werd het patroniem bij persoonsregistratie gebruikt. Het patroniem kon destijds de enige achternaam zijn, en van generatie op generatie veranderen, maar het patroniem kon ook door een familienaam worden gevolgd: Jan Hendriksz. Bakker of Anna Pouwelsdr. van Amerongen.

Het kwam ook voor dat een kleinkind het patroniem van zijn vader overnam. De familierelatie werd zo binnen één naam tot drie generaties uitgebreid: zoon, vader, grootvader. Als ook de volgende generaties deze naam in gebruik namen, werd het patroniem een geslachtsnaam.

Het patroniem in zijn oorspronkelijke functie verdween bij de invoering van de burgerlijke stand in de eerste helft van de 19de eeuw. De persoonsregistratie bij de burgerlijke stand wordt beperkt tot het noteren van voornamen en een geslachtsnaam, die 'definitief' in vaststaande spellingsvorm van ouder op kind wordt doorgegeven. Veel patroniemen zijn bij de invoering van de burgerlijke stand een geslachtsnaam geworden.

Namen hebben veelal specifieke componenten waarmee ze morfologisch getypeerd kunnen worden. Namen eindigend op -en of -s zijn vaak verbogen naamsvormen. Bijvoorbeeld Jacobs, een patroniem dat ontstaan is uit "Jacobs sone" of "Jacobsz.". Andere voorbeelden: Jagers, zoon of dochter van de jager.

Er zal in het geval van het hier beschreven geslacht Willems op enig moment een voorvader geweest zijn die Willem heette waarvan het patroniem dat zijn kinderen en kleinkinderen voerden tot een geslachtsnaam is geworden.

De naam Willem, of Wilhelm, is een tweestammige Germaanse uit Wil- 'wil' en 'streven' en -helm, met de oorspronkelijke betekenis van 'bedekker' of 'beschermer'. De naam werd dus mogelijk oorspronkelijk gegeven door ouders die aan een hogere macht bescherming vroegen voor hun jonge kind.

De naam Wilhelm was in de middeleeuwen zeer populair vanwege het feit dat hij in vorsten- en gravengeslachten voorkwam. Vrouwelijke vormen komen sinds de 14de eeuw voor zoals: Willemijnne, Wilgemijnne, Willemtie en Wilhelmina.

Bij het in dit boek beschreven geslacht lijkt de geslachtsnaam voort te komen uit het patroniem Wilms, wat wellicht gelijktijdig naast Willemse werd gebruikt. Het merendeel van het geslacht woonde in Rotterdam en het naastgelegen, destijds zelfstandige, Overschie. Het is opvallend dat in Rotterdam voornamelijk Willemse werd genoteerd en in Overschie Willems. Zodra een Overschiese Willems zich in Rotterdam vestigde werd het Willemse, maar als diens kinderen zich weer in Overschie vestigden werd het weer Willems.

Genealogie van het geslacht Willems

1.1   **Joannes Wilms (Willemse)**, mogelijk geboren in circa 1740. Gehuwd met **N.N.**

Joannes is de huidige stamvader van het geslacht Willems(e). Omdat zijn enige bekende zoon Pieter als militair op verschillende plaatsen gelegerd was weten we niet precies uit welke plaats hij oorspronkelijk kwam. Daarnaast speelt mee dat de naam Willems of een variant daarvan veelvuldig voorkomt in zowel Nederland als Duitsland. Dat maakt de zoektocht naar de oorsprong niet eenvoudiger.

De echtgenote van Pieter Willemse zou geboren zijn te Leiden maar keerde na het overlijden van haar echtgenoot terug naar Delft, de plaats waar zij enige tijd samen hebben gewoond en waar hun zoon Pieter is geboren. Dit kan erop wijzen dat ze terug naar Delft ging omdat daar familie woonde en dat we de oorsprong van haar man Pieter Willemse ook in Delft moeten zoeken.

Een mogelijke kandidaat voor de door ons gezochte Joannes Wilms is dan Joannes Wilms, geboren op 30-08-1742 te Delft (getuige: Joanna van Breugel). Zoon van Joannis Wilms en Maghtildis van Galen die wordt vermeld in het doopboek van de St. Joseph (oude Langendijk/Burgwal). Hierbij werd opgemerkt dat de dopeling onwettig was.

Deze Joannes wordt ook omschreven als Jan van Galen, overleden op 13-01-1809 te Den Haag.

Gehuwd (1) op 06-10-1777 te Den Haag met Hendrina de Greef en Gehuwd (2) op 05-09-1779 te Den Haag met Apollonia Govertsdr. van Wouw.

Op 20-10-1791 was Joannes Willemse getuige van de doop van Aldegonda Remni, dochter van Joannes Jacobus Remni en Wilhelmina Willemse in dezelfde St. Josephkerk aan de Oude Langendijk/Burgwal te Delft.

Uit dit huwelijk:

1. **Petrus (Pieter) Willemse** (zie: 2.1).

2.1 **Petrus (Pieter) Willemse**, militair, Rooms-Katholiek, overleden op 03-01-1810 te Gorinchem (ziekengasthuis). Zoon van Joannes Wilms (Willemse) (zie: 1.1). Gehuwd met **Elizabeth(a) Wassenaar**, Nederlands Hervormd, geboren in november 1770 te Leiden, overleden op 21-10-1842 te Delft (aangegeven door de "vader in het Oude mannen en vrouwenhuis der Roomsch Catholijken").

Petrus, of Pieter was van beroep militair. Dat verklaard ook gelijk de verschillende plaatsen waar hij samen met Elisabeth kinderen heeft gekregen.

We weten niet veel over het leven van Pieter, wel dat hij is overleden als militair in het ziekengasthuis te Gorinchem. Over dit ziekengasthuis is wel het nodige bekend en dat geeft ons een beeld van de laatste momenten in Pieters leven.

De departementale overheid wenste in 1799 te worden ingelicht over de diverse ziekeninrichtingen. De vaders en regenten van het Gasthuis schreven toen dat "het Gasthuis alhier gelegen is in het noordelijk gedeelte dezer stad, hetwelk ook het gezondste en droogste mag genoemd worden. In hetzelve zijn verscheidene ruime zaalen, voorzien van een genoegzaam aantal bedsteeden, in elk van welk een zieke gemakkelijk kan liggen. Wanneer bij epidemische ziektens er bedsteden ontbreeken, kunnen er desnoods nog een aantal kribben geplaatst worden op eene ruime gaanderij boven dezelve. In het bovenste gedeelte der zaalen zijn aan beide zijden open sluitende raamen, zodat er genoegzaame versche lugt zonder hinder voor de lijders kan ingelaaten worden. Buiten dit alles is agter het huis eene groote tuin, waarin de reconvalesceerende zieken zich kunnen verfrisschen .... Het is bekend, dat in het Gasthuis alhier geene kraamvrouwen opgenomen worden, dewijl verscheidene omstandigheden zulks niet permitteeren en ook voor arme kraamvrouwen op eene andere wijze gezorgd word. Edoch hier worden opgenomen allerleye arme zieken en gekwetsten, welke zich eerst aan de regenten adresseeren en op derzelver last vervolgens door eenen der stads-chirurgijns worden geëxamineerd of zij ook aan besmettelijke of venerische ziektens laboreeren, in welk geval zij niet mogen worden opgenomen. Zodra zij in het huis ontvangen zijn, worden zij behoorlijk gereinigd en van schoon linden enz. voorzien. De genees- en heelkundige behandeling is toevertrouwd aan den stads medicinae doctor en twee stads-chirurgijns, welke laatste yder eene maand op hunne beurt het Gasthuis moeten waarneemen. De voorschriften der medicamenten geschieden in een boek, hetgeen naar den stadsapotheek word gezonden om dezelve te doen praepareeren. Kunnende alle soorten van geneesmiddelen worden voorgeschreeven zonder eenige bepaaling, gelijk er ook geene bepaaling gemaakt word in het getal der zieken, beloopende hetzelve zelden minder dan tien en zelden hooger dan veertig, wanneer ook het huis kan gezegd worden vol te zijn."

De kledingstukken van in het Gasthuis overleden militairen kwamen toe aan het Gasthuis. Tot in de 18de eeuw bleek dit een goede manier te zijn om de zorgkosten te dekken. Maar omstreeks 1780 was die bron van inkomsten inmiddels bijna te verwaarlozen. In die tijd was de gemiddelde soldaat zo slecht gekleed dat er niets of nauwelijks iets verdiend kon worden aan de nagelaten kleding. De vaders en regenten bepaalden toen om vanaf dan slechts militairen op te nemen die een behoorlijke uitrusting meebrachten. Bij herstel kregen ze hun uitrusting weer terug, maar bij overlijden vielen ze aan het Gasthuis toe.

Over Elizabeth(a) Wassenaar is eveneens niet veel bekend. Volgens haar overlijdensakte was ze geboren in Leiden. Het is dan ook waarschijnlijk dat zij daar met Pieter gehuwd is.

In dezelfde overlijdensakte in Delft van 21-10-1842 staat vermeld dat zij 71 jaar en elf maanden oud was. Als dat klopt zou Elisabeth van november 1770 zijn. In Leiden is echter geen Elisabeth gevonden die rond deze tijd is geboren. Het kwam echter wel voor dat men er vaak een paar jaar naast zat. Misschien wist men wel dat zij van november was maar niet meer precies hoe oud ze was. Als dat het geval is zou er wel een mogelijke kandidaat zijn voor de ouders van deze Elisabeth.

Op 10-11-1774 werd een zekere Elisabeth Nederlands Hervormd gedoopt in de Hooglandsche kerk te Leiden als dochter van Cornelis Wassenaar en Catrina Arren.

Uit dit huwelijk:

1. **Joanna Wilms**, Rooms-Katholiek gedoopt op 12-09-1800 te Leiden in de kerk aan de Kuipersteeg (getuigen: Joannes Wilms en Wilhelmina Wilms);
2. **Petrus (Pieter) Willemse** (zie: 3.1);
3. **Johannes Willemse**, Rooms-Katholiek gedoopt op 12-04-1807 te Gorinchem.

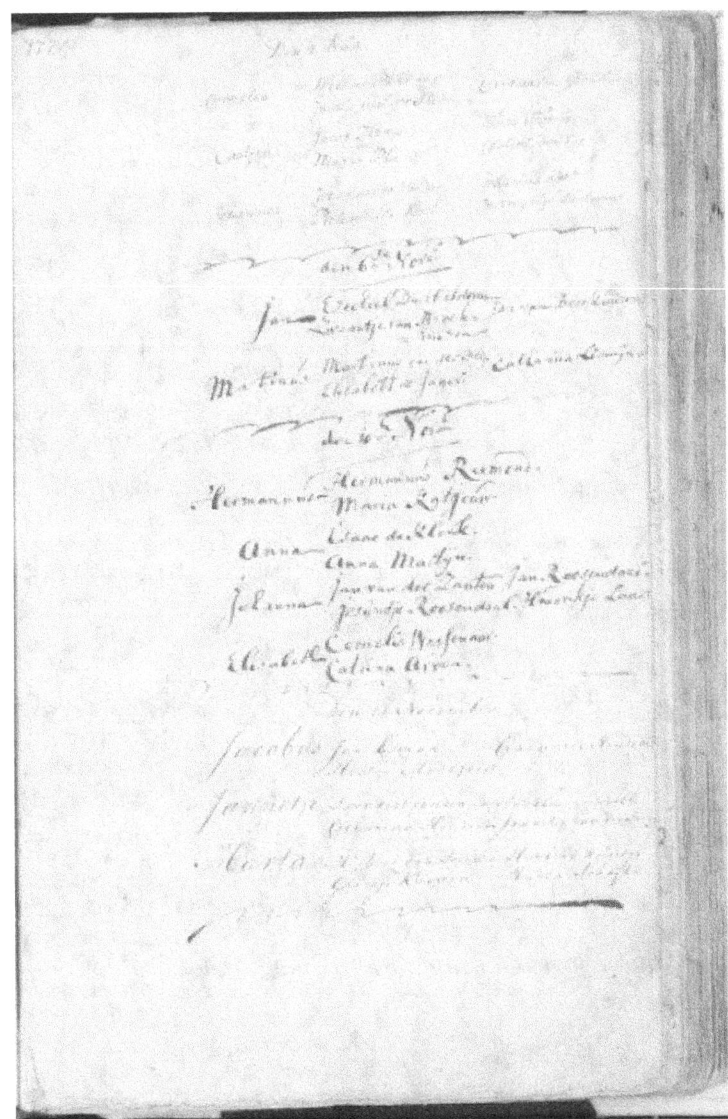

Bladzijde uit het doopboek van de NH kerk te Leiden met vermelding van Elisabeth Wassenaar.

Het ziekengasthuis te Gorinchem waar Pieter overleed.

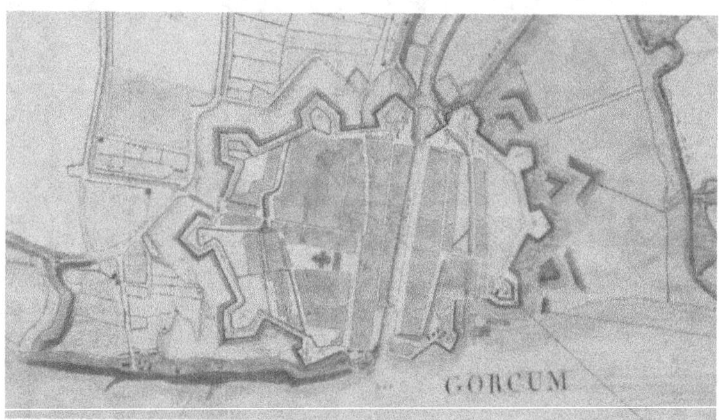

*Het 'kleine fort' Gorcum in 1813. Regionaal archief
Gorinchem.*

*Doopinschrijving van Joanna Wilms in het doopboek van
de kerk aan de Kuipersteeg te Leiden.*

3.1   **Petrus (Pieter) Willems(e)**, Rooms-Katholiek gedoopt 05-11-1801 in de St. Joseph (Oude Langendijk/Burgwal) te Delft (getuigen: Joannes Willemse en Joanna Willemse), overleden op 20-06-1877 te Overschie. Zoon van Petrus Willemse en Elizabeth(a) Wassenaar (zie: 2.1). Gehuwd op 25-08-1824 te Overschie met **Johanna Cornelia de Haas**, geboren op 27-11-1802 te Overschie, gereformeerd gedoopt op 01-12-1802 te Overschie (getuige: Neeltje Silo), overleden op 27-01-1879 te Overschie. Dochter van **Arnoldus de Haas** en **Adriana Jongeneel**.

Pieter was van beroep arbeider. De kinderen van het echtpaar werden net als de moeder gereformeerd opgevoed.

Uit dit huwelijk:

1.   **Pieternella Willemse**, geboren op 25-11-1824 te Overschie, overleden op 06-01-1825 te Overschie;
2.   **Kornelis (Cornelis) Willemse**, geboren op 19-11-1825 te Overschie, overleden op 08-10-1827 te Overschie;
3.   **Pieter Willems** (zie: 4.1);
4.   **Adriana Willemse**, 30-07-1835 te Overschie ging op 06-06-1862 het huis uit en vestigde zich in Rotterdam, overleden op 14-02-1925 te Rotterdam;

5. **Arnoldus Willems**, geboren op 09-01-1837 te Overschie, overleden op 17-06-1837 te Overschie;
6. **N.N. Willemse**, mannelijk, overleden op 08-05-1838 te Overschie;
7. **Johannes Willems(e)** (zie: 4.2);
8. **Neeltje Willemse** (zie: 4.3).

4.1 **Pieter Willems**, geboren op 18-08-1828 te Overschie, overleden op 16-05-1897 te Overschie. Zoon van Petrus Willemse en Johanna Cornelia de Haas (zie: 3.1). Gehuwd op 22-05-1850 te Overschie met **Jannetje Richert (Riekert)**, geboren op 09-12-1823 te Maassluis, overleden op 05-08-1884 te Overschie. Dochter van **Friedrich Wilhelm Richert**, boerenarbeider, en **Maartje Post**, werkster.

Pieter was van beroep opperman. De opperman is een arbeider in de bouw die metselaars, timmerlieden en monteurs ondersteunt door materialen en hulpmiddelen klaar te leggen. Op latere leeftijd werd Pieter brugophaler, een destijds lage ambtelijke functie die ideaal was voor iemand die het zware werk fysiek niet meer aankon.

Zowel Pieter als Jannetje waren Nederlands Hervormd en de kinderen werden dan ook zo opgevoed. Op latere leeftijd woonde Pieter in bij zoon Willem.

Uit dit huwelijk:

1. **Maartje Willems** (zie: 5.1);
2. **Pieter Willems**, geboren op 02-04-1854 te Overschie, overleden op 24-05-1871 te Overschie;
3. **Willem Willems** (zie: 5.2);
4. **Arnoldus Willems**, geboren op 25-12-1858 te Overschie, overleden op 12-02-1859 te Overschie;

5. **Johannes Willems**, geboren op 13-03-1861
    te Overschie, overleden op 17-11-1862 te
    Overschie;
6. **N.N. Willems**, mannelijk, overleden op 20-
    01-1863 te Overschie;
7. **Johanna Cornelia Willems** (zie: 5.3);
8. **Cornelia Adriana Willems**, geboren op 15-
    04-1867 te Overschie, overleden op 17-06-
    1867 te Overschie;
9. **Adriana Cornelia Willems**, geboren op 29-
    04-1869 te Overschie, overleden op 05-05-
    1871 te Overschie.

4.2 **Johannes Willems(e)**, geboren op 04-03-1840 te
Overschie, overleden op 25-02-1930 te Rotterdam. Zoon van Petrus Willemse en Johanna
Cornelia de Haas (zie: 3.1). Gehuwd op 28-05-
1865 te Delfshaven met **Geertrui Ferree (Ver-
ree, Flerree)**, geboren op 14-08-1841 te Delfshaven, overleden op 27-03-1912 te Rotterdam.
Dochter van **Johannes Ferree** en **Elizabeth Ter-
toolen**.

Johannes was in 1888 ten tijde van het huwelijk
van zijn oudste dochter brandersknecht van beroep. Bij het huwelijk van zijn zoon Pieter in
1893 was hij boerenknecht.
Het Nederlands Hervormde gezin was woonachtig in Delfshaven, verhuisden in circa 1867-68
naar Overschie, maar vestigden zich in circa
1873/74 weer opnieuw in Delfshaven.

Uit dit huwelijk:

1. **Johanna Cornelia Willemse** (zie: 5.4);
2. **Elizabeth Willems** (zie: 5.5);
3. **Pieter Johannes Willems** (zie: 5.6);
4. **Geertruida Willemse** (zie: 5.7);
5. **Magdalena Adriana Willemse** (zie: 5.8);
6. **Adriana Willemse**, geboren op 29-02-1884 te Delfshaven, overleden op 15-04-1928 te Rotterdam;
7. **Maria Willemse** (zie: 5.9).

4.3   **Neeltje Willems(e)**, geboren op 25-01-1846 te Overschie, overleden op 26-04-1934 te Rotterdam. Dochter van Petrus Willemse en Johanna Cornelia de Haas (zie: 3.1). Gehuwd op 23-05-1868 te Overschie met **Jan Zwanenburg**, overleden op 24-07-1912 te Rotterdam. Zoon van **Jacob Zwanenburg** en **Antje (Annetje) Wassenaar**.

Jan was van beroep arbeider.

Uit dit huwelijk:

1. **Jacob Zwanenburg**, geboren op 16-08-1870 te Overschie, overleden op 27-01-1871 te Overschie;
2. **Johanna Zwanenburg**, geboren op 03-04-1872 te Overschie, overleden op 21-11-1945 te Rotterdam. Gehuwd op 28-10-1897 te Overschie met **Pieter George Scheffer**,

poelier, geboren op 27-03-1874 te Rotterdam,
overleden op 18-01-1952 te Rotterdam. Zoon
van **Pieter Anthonie Scheffer** en **Willemijn
Koen**;

3. **Jacob Zwanenburg**, geboren op 08-11-1874
    te Overschie, overleden op 05-02-1875 te
    Overschie;
4. **Jacob Zwanenburg**, geboren op 10-03-1876
    te Overschie, overleden op 24-06-1877 te
    Overschie;
5. **Pieter Zwanenburg**, borstelmakersknecht,
    geboren op 09-09-1878 te Overschie,
    overleden op 22-10-1960 te Rotterdam.
    Gehuwd op 23-11-1904 te Rotterdam met
    Elisabeth Troost, geboren op 21-08-1881 te
    Delfshaven, overleden op 22-09-1967 te
    Rotterdam. Dochter van **Joannes Troost** en
    Jetje de Wit;
6. **Arie Zwanenburg**, geboren op 28-05-1882 te
    Overschie, overleden op 31-08-1883 te
    Overschie;
7. **Neeltje Zwanenburg**, geboren op 30-01-1887
    te Overschie. Gehuwd op 18-09-1907 te
    Rotterdam met **Johannes Gijsbert van Kal**,
    brievenbesteller, geboren op 16-11-1884 te
    Delfshaven, overleden op 21-09-1954 te
    Rotterdam. Zoon van **Meindert van Kal** en
    Maartje Cornelia Ponsen.

5.1 Maartje Willems, geboren op 15-02-1852 te Overschie. Dochter van Pieter Willems en Jannetje Richert (zie: 4.1). Gehuwd op 03-12-1870 te Overschie met **Adrianus Bastiaan van Holst**, geboren op 30-08-1848 te Rotterdam, overleden vóór 17-10-1900. Zoon van **Pieter van Holst** en **Dirkje van den Berg**.

Het Nederlands Hervormde gezin woonde in Overschie waar Adrianus van beroep bouwknecht (boerenarbeider) was. Voor zijn huwelijk woonde Adrianus in Schiedam maar vestigde zich op 01-10-1870 te Overschie.

Uit dit huwelijk:

1. **Pieter van Holst**, bouwknecht, geboren op 17-10-1871 te Overschie. Gehuwd op 17-11-1894 te Overschie met **Adriana van den Dool**, dienstbode, geboren in circa 1871 te Schiedam. Dochter van **Cornelis van den Dool**, bouwknecht, en **Kornelia de Bode**;
2. **Willem Cornelis van Holst**, geboren op 04-08-1873 te Overschie. Gehuwd op 27-04-1899 te Overschie met **Trijntje Verhoef**. Dochter van **Johannes Verhoef** en **Petronella Vuijk**;
3. **Dirkje van Holst**, geboren op 03-04-1875 te Overschie, overleden op 11-04-1877 te Overschie;
4. **Jannetje van Holst**, geboren op 19-10-1876 te Overschie, overleden op 26-01-1960 te Rotterdam. Gehuwd op 18-11-1896 te

Rotterdam met **Henri Mathieu Fabrie**,
distillateursknecht, geboren op 13-10-1878 te
Delfshaven, overleden op 17-01-1944 te
Rotterdam. Zoon van **Gerard Corneille
Fabrie** en **Antonia van Doorn(e)**;

5. **Dirk van Holst**, geboren op 22-08-1878 te
    Overschie, overleden op 22-11-1963 te
    Rotterdam. Gehuwd op 16-05-1900 te
    Rotterdam met **Wilhelmina van der Laan**,
    geboren in circa 1878 te Delfshaven,
    overleden op 28-12-1947 te Rotterdam.
    Dochter van **Nicolaas van der Laan** en
    Johanna van Baarlen;

6. **Dirkje van Holst**, geboren op 13-03-1880 te
    Overschie. Gehuwd op 17-10-1900 te
    Rotterdam met **Dirk van der Net**, glasblazer,
    geboren op 16-06-1878 te Delfshaven. Zoon
    van **Cornelis van der Net** en **Neeltje Haak**;

7. **Johanna Cornelia van Holst**, geboren op 07-
    09-1882 te Overschie, overleden op 19-10-
    1957 te Rotterdam. Gehuwd op 23-09-1903 te
    Rotterdam met **Marinus de Ruiter**,
    loswerkman, geboren op 24-08-1882 te
    Delfshaven, overleden op 26-05-1965 te
    Rotterdam. Zoon van **Arie de Ruiter** en
    Hendrika Brinkman;

8. **Pieternella van Holst**, geboren op 01-02-
    1885 te Overschie;

9. **N.N. van Holst**, mannelijk, overleden op 16-
    08-1889 te Overschie.

5.2   **Willem Willems**, geboren op 31-08-1856 te Overschie, overleden op 22-10-1919 te Overschie. Zoon van Pieter Willems en Jannetje Richert (zie: 4.1). Gehuwd op 12-01-1878 te Overschie met **Grietje Martijntje van Vliet**, geboren op 20-01-1857 te Overschie, erkend door haar moeder op 24-12-1874, overleden op 07-08-1940 te Overschie. Dochter van **Margje van Vliet**, werkster.

Willem was van beroep bouwman. Bij het huwelijk van zijn zoon Pieter in 1905 werd hij omschreven als veehouder. Het Nederlands Hervormde gezin was woonachtig aan de Zestienhovensekade

Uit dit huwelijk:

1. **Abram Willems** (zie: 6.1);
2. **Pieter Willems** (zie: 6.2);
3. **Willem Willems** (zie: 6.3);
4. **Maarten Willems** (zie: 6.4);
5. **Arie Willems**, geboren op 26-11-1885 te Overschie, overleden op 11-04-1890 te Overschie;
6. **Dirk Willems** (zie: 6.5);
7. **Jannetje Willems** (zie: 6.6);
8. **Marrigje Willems** (zie: 6.7);
9. **Arie Willems** (zie: 6.8);
10. **Gerard Willems** (zie: 6.9);
11. **Adrianus Willems** (zie: 6.10);
12. **Grietje Martyntje Willems** (zie: 6.11).

5.3   **Johanna Cornelia Willems**, geboren op 10-09-1864 te Overschie, overleden op 23-03-1932 te Rotterdam. Dochter van Pieter Willems en Jannetje Richert (zie: 4.1). Gehuwd op 13-08-1885 te Overschie met **Jacob van der Gaag**, geboren op 17-02-1860 te Overschie, overleden op 01-01-1944 te Rotterdam. Zoon van **Jacob van der Gaag** en **Tona Huisman**.

Jacob was van beroep werkman. Het gezin was Nederlands hervormd en vestigde zich op 12-11-1908 te Rotterdam.

Uit dit huwelijk:

1. **Antonia van der Gaag**, geboren op 13-11-1885 te Overschie, vestigde zich op 06-10-1903 te Schiedam. Gehuwd op 07-06-1911 te Rotterdam met **Arij Barendrecht**, geboren op 16-03-1890 te Rotterdam. Zoon van **Arij Barendrecht** en **Adriana Groenenberg**. Samen kregen zij minstens 4 kinderen;
2. **Pieter van der Gaag**, geboren op 10-08-1887 te Overschie. Gehuwd op 08-06-1910 te Rotterdam met **Fijgje Maria Knegt**, geboren op 27-12-1888 te Rotterdam. Dochter van **Cornelis Knegt** en **Neeltje Kooij**. Samen kregen zij minstens 3 kinderen;
3. **Jacoba van der Gaag**, geboren op 26-10-1888 te Overschie. Gehuwd op 21-01-1914 te Rotterdam met **Augustinus Josephus de Lobel**, geboren op 06-09-1889 te Rotterdam.

Zoon van **Johannes de Lobel** en **Klazina de Bruin**. Samen kregen zij minstens 1 kind;

4. **Jacob van der Gaag**, geboren op 24-02-1891 te Overschie. Gehuwd op 21-10-1914 te Rotterdam met **Gerarda Johanna Derek**, geboren op 04-11-1894 te Rotterdam. Dochter van **Hendrik Derek** en **Maria van der Laan**;

5. **Willem van der Gaag**, geboren op 03-08-1893 te Overschie. Gehuwd op 19-05-1915 te Rotterdam met **Theodora Huberta Arts**, dochter van **Petrus Johannes Arts** en **Johanna Maria van Osch**. Samen kregen zij minstens 1 kind;

6. **Jan van der Gaag**, geboren op 20-12-1896 te Overschie. Gehuwd op 11-05-1921 te Rotterdam met **Helena Sweben**, geboren op 20-08-1900 te Rotterdam. Dochter van **Hendricus Johannes Sweben** en **Anna Catharina Eigler**;

7. **Cornelis van der Gaag**, geboren op 09-01-1899 te Overschie. Gehuwd op 30-08-1922 te Rotterdam met **Sebella Wilhelmina Lockhorst**, geboren op 30-11-1903 te Rotterdam, overleden op 14-10-1966 te Rotterdam. Dochter van **Antonie Lockhorst** en **Trijntje de Jong**. Samen kregen zij minstens 2 kinderen;

8. **Jannetje van der Gaag**, geboren op 21-07-1901 te Overschie, overleden op 06-05-1963 te Rotterdam. Gehuwd op 23-01-1921 te Rotterdam met **Jan Hendrik van Santen**,

zoon van **Cornelis van Santen** en **Marianna Elisabeth van Hattem**;

9. **Adrianus van der Gaag**, geboren op 10-01-1904 te Overschie. Gehuwd op 21-09-1938 te Rotterdam met **Dieuwertje Harder**, geboren op 05-07-1906 te Rotterdam, overleden op 30-03-1963 te Rotterdam. Dochter van **Jan Harder** en **Wilhelmina Regina Cornelia van den Dool**;

10. **Johan Cornelis van der Gaag**, geboren op 27-05-1906 te Overschie.

5.4 **Johanna Cornelia Willemse**, geboren op 29-06-1866 te Delfshaven, overleden op 15-11-1961 te Rotterdam. Dochter van Johannes Willems(e) en Geertrui Ferree (zie: 4.2). Gehuwd op 22-02-1888 te Rotterdam met **Arij van Veldhoven**, geboren op 11-06-1865 te Portugaal, overleden op 25-11-1934 te Rotterdam. Zoon van **Adrianus van Veldhoven** en **Antenetje Verheijen**.

Ten tijde van het huwelijk was Arij brandersknecht. In 1923, ten tijde van het huwelijk van zijn zoon Adrianus was hij vuurstoker.

Het Nederlands hervormde gezin verhuisde regelmatig. Zijn waren onder andere woonachtig aan de Schans 52, Achterhaven 130/14, Voorhaven 183/2 en Hudsonstraat 123 te Delfshaven.

1. **Johanna van Veldhoven**, geboren op 23-09-1887 te Rotterdam, overleden op 09-12-1963 te Rotterdam;
2. **Johannes van Veldhoven**, geboren op 09-07-1889 te Rotterdam, overleden op 19-08-1889 te Rotterdam;
3. **Johannes Adrianus van Veldhoven**, geboren op 05-01-1891 te Rotterdam, overleden op 25-02-1892 te Rotterdam;
4. **Arie van Veldhoven**, geboren op 02-03-1893 te Rotterdam, overleden op 19-02-1894 te Rotterdam;
5. **Gerardus van Veldhoven**, geboren op 22-03-1895 te Rotterdam, overleden op 27-08-1933 te Rotterdam;
6. **Adrianus van Veldhoven**, voorslager, geboren op 18-01-1898 te Rotterdam, overleden op 19-05-1939 te Steenwijkerwold. Gehuwd op 17-10-1923 te Rotterdam met **Elizabeth Rijkers**, geboren op 02-09-1899 te Rotterdam. Dochter van **Johannes Rijkers**, koopman in brandstoffen, en **Cornelia Timmers**;
7. **Johannes van Veldhoven**, verfmaker, geboren op 20-04-1904 te Rotterdam, overleden op 17-09-1957 te Rotterdam. Gehuwd op 08-05-1935 te Rotterdam met **Petronella Adrienne (Adriana) Marie van Hoijdonk**, geboren op 13-02-1906 te Brussel. Dochter van **Jean Adrien Antoine van**

Hoijdonk (geboren te Gent maar zou volgens eigen opgave geboren zijn uit Nederlandse ouders), schipper, en **Anne Cornelie Adrienne van Leen**;
8. **Pieter Johannes van Veldhoven**, geboren op 01-01-1911 te Rotterdam, overleden op 02-03-1913 te Rotterdam.

5.5 **Elizabeth Willems**, geboren op 01-08-1869 te Overschie. Dochter van Johannes Willems(e) en Geertrui Ferree (zie: 4.2). Gehuwd op 04-03-1903 te Rotterdam met **Joost van Kooten**, geboren in circa 1859 te Oosterland. Zoon van **Pieter van Kooten** en **Maria Zandijk**.

Joost was ten tijde van het huwelijk schippersknecht. Het is onbekend of het gezin kinderen heeft gekregen.

5.6 **Pieter Johannes Willems**, geboren op 04-04-1872 te Overschie, overleden op 16-02-1955 te Schiedam. Zoon van Johannes Willems(e) en Geertrui Ferree (zie: 4.2). Gehuwd op 21-06-1893 te Rotterdam met **Aaltje Leuntje Maria van der Have**, geboren op 13-05-1875 te Zierikzee, overleden op 21-11-1949 te Schiedam. Dochter van **Jan ven der Have** en **Lijntje van Nieuwenhuizen**.

Pieter Johannes was ten tijde van het huwelijk fabrieksknecht. Het gezin woonde aan de Aelbrechtskade 210. Tussen 1902 en 1903 verhuisden zij naar Schiedam en betrokken daar een woonschip met ligplaats Spangeschekade 306. Later werd Pieter Johannes plaatwerker in een glasfabriek en inlegger bij glasblazerij De Schie.

Uit dit huwelijk:

1. **Johannes Willems** (zie: 6.12);
2. **Lijntje Willems**, geboren op 15-03-1896 te Rotterdam, overleden op 02-02-1897 te Rotterdam;
3. **Lijntje Willems**, geboren op 15-12-1897 te Rotterdam, overleden op 27-02-1898 te Rotterdam;
4. **Janna Dora Willems**, geboren op 24-03-1899 te Rotterdam, overleden op 16-08-1899 te Schiedam;
5. **Geertrui Willems**, geboren op 14-07-1900 te Rotterdam, overleden op 03-03-1902 te Rotterdam;
6. **Jan Willems** (zie: 6.13);
7. **Janna Dora Willems** (zie: 6.14);
8. **Leunus Johannes Willems**, geboren op 30-08-1907 te Schiedam, overleden op 11-11-1907 te Schiedam;
9. **Wilhelmina Jacoba Willems** (zie: 6.15);
10. **Johannes Leunus Willems**, geboren op 04-09-1909 te Schiedam, overleden op 28-10-1909 te Schiedam;
11. **Pieter Johannes Willems**, geboren op 31-05-1911 te Schiedam;

12. **Margaretha Willems**, geboren op 14-09-
    1913 te Schiedam, overleden op 08-05-1914
    te Schiedam.

5.7   **Geertruida Willemse**, geboren op 23-04-1875 te
      Delfshaven. Dochter van Johannes Willems(e) en
      Geertrui Ferree (zie: 4.2). Gehuwd op 21-08-1895
      te Rotterdam met **Bartholomeus van der Toorn**,
      geboren op 21-10-1870 te Schiedam. Zoon van
      Pieter van der Toorn en **Anna Maria Stroije-
      kens** (wonende te Schiedam).

      Bartholomeus was zijn gehele werkzame leven
      kurkensnijder van beroep. Uitgaande van de ge-
      boortes en huwelijken van hun kinderen woonde
      het gezin eerst in Rotterdam, tussen 1899 en 1901
      in Delft en vanaf 1902 in Schiedam.

      Uit dit huwelijk:

      1. **Petrus Josephus Wilhelmus van der Toorn**,
          geboren op 13-11-1895 te Schiedam,
          overleden op 19-02-1896 te Schiedam;
      2. **Geertruida van der Toorn**, geboren op 14-
          03-1897 te Rotterdam. Gehuwd op 27-01-
          1915 te Schiedam met **Petrus Vermeulen**,
          loswerkman, geboren op 13-07-1890 te
          Schiedam. Zoon van **Gerardus Vermeulen**,
          brandersknecht, en **Bertha Lijdia Weidler**;
      3. **Petrus Jozephus Wilhelmus van der Toorn**,
          geboren op 13-01-1899 te Rotterdam;

4. **Johanna Cornelia van der Toorn**, geboren
   op 18-03-1901 te Delft. Gehuwd op 30-09-
   1926 te Schiedam met **Petrus Johannes Saas**,
   chauffeur, geboren op 15-01-1907 te
   Schiedam. Zoon van **Marcellis Saas** en
   Margaretha Hendrica Reij (Ry);
5. **Anna Maria van der Toorn**, geboren op 24-
   12-1902 te Schiedam. Gehuwd op 29-09-1927
   te Schiedam met **Adrianus Michael van den
   Berg**, bloemkwekersknecht, geboren op 16-
   06-1903 te Noordwijk. Zoon van **Theodorus
   van den Berg**, bloemkwekersknecht, en
   Pieternella Wijnands;
6. **Elisabeth van der Toorn**, geboren op 21-01-
   1904 te Schiedam, overleden op 02-04-1904
   te Schiedam;
7. **Elisabeth van der Toorn**, geboren op 27-01-
   1905 te Schiedam;
8. **Johannes van der Toorn**, metaalklinker,
   geboren op 08-02-1908 te Schiedam. Gehuwd
   op 19-09-1934 te Schiedam met **Gerritje
   Adriana Onderdelinden**, geboren in circa
   1904 te Ridderkerk. Dochter van **Pieter
   Onderdelinden**, scheepsklinker, en **Grietje
   Plaisier**;
9. **Francina Maria van der Toorn**, geboren op
   29-07-1909 te Schiedam. Gehuwd op 13-11-
   1930 te Schiedam met **Bernardus Hermanus
   Löke**, gemengrijder op een glasfabriek,
   geboren op 05-06-1907 te Schiedam. Zoon
   van **Machiel Löke**, inlegger op een

glasfabriek, en **Johanna Maria/Maria Geertruida Dal**;

10. **Bartholomeus Josephus van der Toorn**, geboren op 09-09-1911 te Schiedam, overleden op 27-10-1920 te Schiedam;
11. **Gerardus van der Toorn**, geboren op 11-02-1913 te Schiedam, overleden op 01-08-1969 te Schiedam. Gehuwd met **Mathilda Maria van Wel**, geboren op 21-11-1901 te Schiedam. Dochter van **Martinus van Wel** en **Wilhelmina Koens**. Mathilda was Gehuwd (1) op 28-08-1924 te Schiedam met **Johan van Steenis**, fabrieksarbeider, geboren op 02-10-1902 te Leerdam, overleden op 28-11-1931 te Schiedam. Zoon van **Pieter van Steenis**, opperman, en **Johanna Pannekoek**.

5.8   **Magdalena Adriana Willemse**, geboren op 01-03-1880 te Delfshaven, overleden op 16-02-1944 te Rotterdam. Dochter van Johannes Willems(e) en Geertrui Ferree (zie: 4.2). Gehuwd (1) op 15-06-1898 te Rotterdam met **Jacobus Coenraad Teijn**, geboren in circa 1880 te Rotterdam, overleden op 25-02-1920 te Rotterdam. Zoon van **Jacobus Coenraad Teijn** en **Catharina Cucler (Cuclé)**. Gehuwd (2) op 15-06-1921 te Rotterdam met **Jan Baptist Schollaart**, geboren op 26-02-1878 te Rotterdam, overleden op 31-08-1932 te Rotterdam. Zoon van **Jan Schollaart** en **Cornelia Clasina Robbers**. Jan was gehuwd (1) op 29-09-1897 te Rotterdam met **Metje Johanna Ligtermoet**, geboren op 03-10-1875 te Rotterdam, over-

leden op 04-06-1919 te Rotterdam. Dochter van
Bartholomeus Ligtermoet en **Janneke van Baal**.

Jacobus was ten tijde van het huwelijk van beroep opperman. Jan Baptist was van beroep slepersknecht.

Uit het eerste huwelijk:

1. **Jacobus Coenraad Teijn**, fabrieksarbeider, geboren op 04-09-1898 te Rotterdam, overleden op 01-08-1954 te Rotterdam. Gehuwd op 26-05-1920 te Rotterdam met **Leentje Roza**, geboren op 25-11-1902 te Rotterdam. Dochter van **Leendert Roza** en **Johanna de Man**. Gescheiden. Gehuwd (2) met **Margaretha Wilhelmina Stet**, geboren in circa 1906 te Wijk aan Zee en Duin. Dochter van **Andries Stet** en **Johanna Maria Rijs**. Gescheiden. Gehuwd (3) met **Neeltje Berendina Vos**, geboren op 17-02-1897 te Rotterdam. Dochter van **Pieter Vos** en **Berendina de Weijdert**;
2. **Geertruida Teijn**, geboren op 12-11-1899 te Rotterdam, overleden op 07-02-1900 te Rotterdam;
3. **Johannes Jacobus Coenraad Teijn**, geboren op 09-02-1902 te Rotterdam, overleden op 27-05-1954 te Rotterdam. Gehuwd op 04-07-1923 te Rotterdam met **Lena Oosterom**, geboren op 27-09-1904 te Rotterdam, overleden op 20-05-1964 te Rotterdam.

Dochter van **Hendrik Adrianus Oosterom** en
Barbara Cabaret;

4. **Johannes Teijn**, koopman, geboren op 30-12-
1903 te Rotterdam. Gehuwd op 20-07-1938 te
Rotterdam met **Johanna van Eenennaam**,
geboren op 05-03-1905 te Rotterdam. Dochter
van **Francois van Eenennaam** en **Johanna
de Jager**;
5. **Catharina Teijn**, geboren op 07-10-1905 te
Rotterdam. Gehuwd op 09-06-1926 te
Rotterdam met **Arie Schenk**, rijwielhersteller,
geboren op 08-12-1902 te Rotterdam. Zoon
van **Pieter Schenk**, straatmaker, en **Elizabeth
Cornelia Anna Verloop**. Gescheiden op 18-
01-1932 te Rotterdam. Gehuwd (2) op 01-03-
1933 te Rotterdam met **Jan Schollaart**,
koopman, geboren op 04-08-1908 te
Rotterdam, overleden op 17-03-1955 te
Rotterdam. Zoon van **Jan Baptist Schollaart**
(stiefvader van Catharina) en **Metje Johanna
Ligtermoet**;
6. **Pieter Johannes Teijn**, geboren op 09-11-
1906 te Rotterdam, overleden op 30-03-1907
te Rotterdam;
7. **Jannetje Teijn**, geboren op 07-01-1908 te
Rotterdam, overleden op 25-03-1911 te
Rotterdam;
8. **Geertruida Teijn**, geboren op 25-02-1909 te
Rotterdam. Gehuwd op 18-03-1931 te
Rotterdam met **Marinus Kruijt**,
instrumentmaker, geboren op 05-11-1909 te
Rotterdam. Zoon van **Pieter Kruijt**,

rijwielstaller, en **Catharina Wilhelmina van
der Kwaak**;

9. **Adrianus Teijn**, waschknecht, geboren op
    26-07-1910 te Rotterdam, overleden op 23-
    01-1964 te Rotterdam. Gehuwd op 19-12-
    1934 te Rotterdam met **Pieternella
    Ruighaver**, geboren op 22-09-1912 te
    Rotterdam. Dochter van **Arie Ruighaver**,
    scheepsbouwer, en A**artje Johanna van den
    Bergh**;
10. **Philippus Teijn**, geboren op 26-01-1912 te
    Rotterdam, overleden op 11-01-1913 te
    Rotterdam;
11. **Magdalena Adriana Teijn**, geboren op 14-
    09-1913 te Rotterdam. Gehuwd op 07-07-
    1937 te Rotterdam met **Johannes Ramak**,
    glazenwascher, geboren in circa 1907 te
    Leiden. Zoon van **Hendrik Ramak** en **Maria
    Catharina van der Burgh**;
12. **Philippus Teijn**, koopman, geboren op 19-02-
    1915 te Rotterdam, overleden op 31-10-1961
    te Rotterdam. Gehuwd op 30-06-1937 te
    Rotterdam met **Agnes Elizabeth Hermann**,
    geboren in circa 1918 te Rotterdam. Dochter
    van **Jan Goris Hermann**, havenarbeider, en
    Jacoba Jannetje de Nooijer;
13. **Marinus Teijn**, geboren op 01-03-1916 te
    Rotterdam;
14. **Pieter Johannes Teijn**, 8 maanden oud,
    overleden op 16-08-1918 te Rotterdam;
15. **Jannetje Teijn**, geboren in circa 1921.
    Gehuwd op 05-01-1938 te Rotterdam met

Hendrik Verkade, koopman, geboren op 03-06-1917 te Leiden. Zoon van **Jan Hendrik Verkade**, werkman, en **Grieta Clazina Stoof**. Gescheiden op 22-05-1950 te Rotterdam.

Uit het tweede huwelijk:

16. **Cornelis Nicolaas Schollaart**, geboren in circa 1923 te Rotterdam, overleden op 05-02-1942 te Rotterdam.

5.9   **Maria Willemse**, geboren op 02-04-1888 te Delfshaven, overleden op 05-05-1954 te Rotterdam. Dochter van Johannes Willems(e) en Geertrui Ferree (zie: 4.2). Gehuwd op 08-01-1908 te Rotterdam met **Johannes Zegert den Ouden**, geboren op 02-09-1885 te Rotterdam (erkenning door de ouders op 30-06-1886, achternaam was Havelaar), overleden op 09-08-1962 te Rotterdam. Zoon van **Zeegert den Ouden**, metselaarsknecht, en **Pietronella Cornelia Havelaar**.

Johannes was van beroep loswerkman. Het Nederlands hervormde gezin verhuisde regelmatig. Uit hun gezinskaart blijkt dat ze op de volgende adressen hebben gewoond: Voorhaven 183, Dirk Smitstraat 48, Voorhaven 97/1 en 97/2, Schans 206, Lange Dijkstraat 23 B, Wijdesteeg 5b, Spaanschebocht 32b en Schans 125a.

1. **P(i)etronella Cornelia den Ouden**, geboren op 22-02-1908 te Rotterdam. Gehuwd op 19-08-1931 te Rotterdam met **Dirk van Dalen**, smid, geboren in circa 1907 te Tiel. Zoon van **Willem Hendrik van Dalen**, havenarbeider, en **Petronella Josina Berendse**;
2. **Johannes den Ouden**, fabrieksarbeider, geboren op 05-04-1909 te Rotterdam. Gehuwd op 17-09-1930 te Rotterdam met **Johannetta Christina van Wijngaarden**, geboren op 24-06-1912 te Rotterdam. Dochter van **Paulus Jacobus Frederik Hendrik van Wijngaarden**, plaatwerker, en **Elizabeth Maria Vroomans**;
3. **Zeegert den Ouden**, geboren op 28-03-1910 te Rotterdam, overleden op 14-11-1936 te Rotterdam;
4. **Geertruida den Ouden**, geboren op 25-09-1911 te Rotterdam. Gehuwd op 03-02-1932 te Rotterdam met **Dirk Visser**, opperman, geboren in circa 1912 te Zwijndrecht. Zoon van **Jan Visser** en **Willempje van Driel**. Gescheiden op 27-09-1943 te Rotterdam;
5. **Willem den Ouden**, ovenist, geboren op 12-11-1912 te Rotterdam. Gehuwd op 24-03-1937 te Rotterdam met **Francisca Ouwerkerk**, geboren op 03-03-1919 te Rotterdam. Dochter van **Nicolaas Ouwerkerk**, scheepskoker, en **Johanna**

Susanna Slijkhuis. Gescheiden op 14-11-1949 te Rotterdam;

6. **Johanna Cornelia den Ouden**, geboren op 13-02-1914 te Rotterdam. Gehuwd op 14-12-1932 te Rotterdam met **Willem Hans Borgström**, matroos bij de marine, geboren in circa 1912 te Den Helder. Zoon van **Abraham Borgström**, fabrieksarbeider, en **Grietje Stark**;

7. **Cornelis den Ouden**, werkman, geboren op 10-04-1915 te Rotterdam. Gehuwd op 28-09-1938 te Rotterdam met **Sophia Schiltmans**, geboren op 26-02-1921 te Dordrecht. Dochter van **Johannes Schiltmans** en **Gijsje van Wingerden**;

8. **Adrianus den Ouden**, magazijnbediende, geboren op 25-11-1916 te Rotterdam. Gehuwd op 18-03-1936 te Rotterdam met **Albertina Klijn**, geboren op 18-09-1910 te Rotterdam. Dochter van **Samuel Klijn** en **Cecilia Gerla**. Gescheiden op 22-03-1937 te Rotterdam. Albertina was eerder gescheiden van **Adrianus Jacob Gerardus Breur**;

9. **Bertus den Ouden**, 3 maanden, overleden op 31-03-1918 te Rotterdam;

10. **Alida den Ouden**, 9 maanden, overleden op 22-12-1921 te Rotterdam.

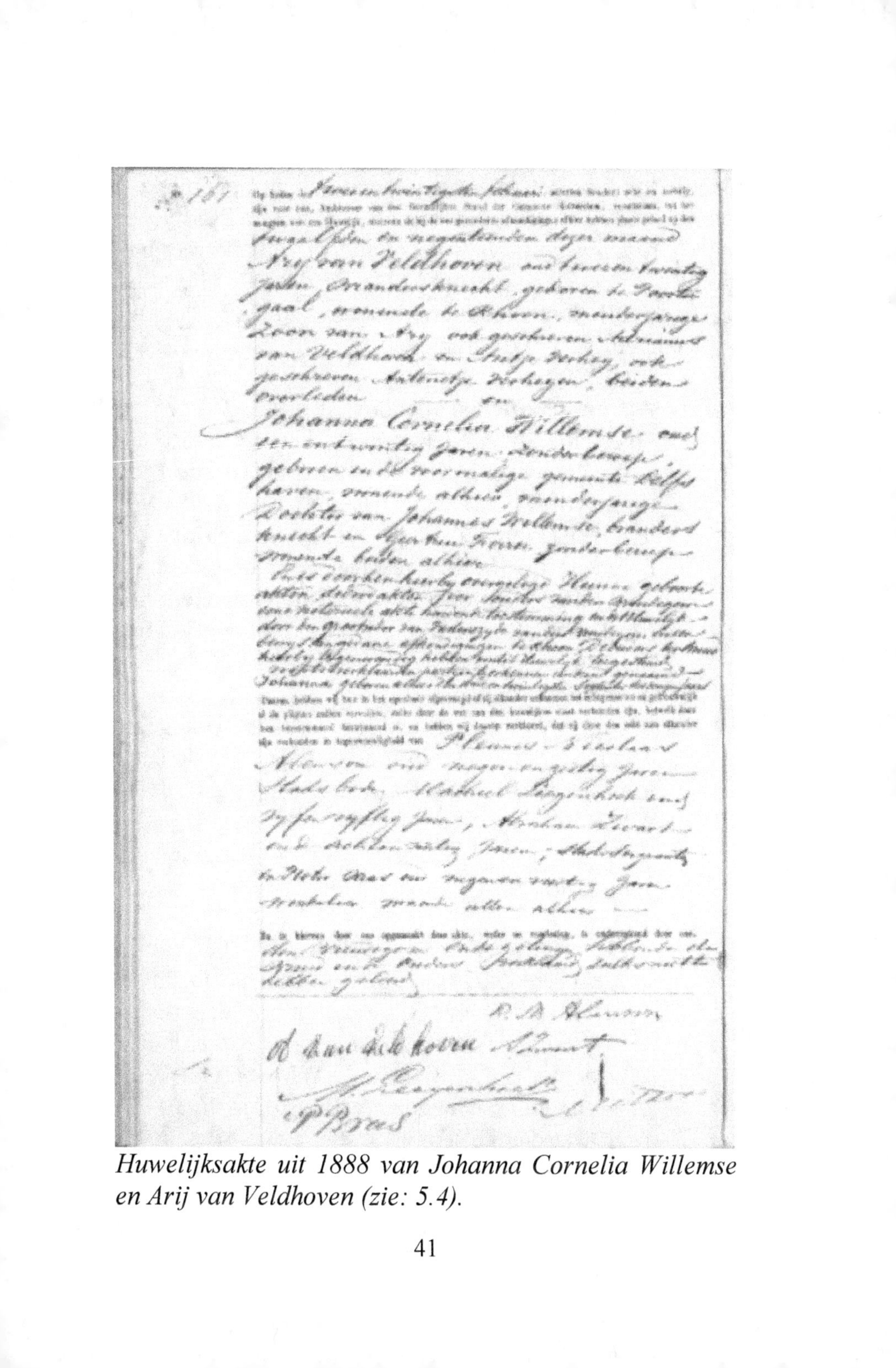

Huwelijksakte uit 1888 van Johanna Cornelia Willemse en Arij van Veldhoven (zie: 5.4).

Met betrekking tot de zesde generatie dient opgemerkt te worden dat de archieven slechts beperkt te raadplegen zijn. Dit vanwege privacywetgeving in verband met mogelijk nog levende personen. Het is daarom allerminst zeker dat alle huwelijken en kinderen van deze generatie zijn aangetroffen in de archieven.

6.1   **Abram Willems**, geboren op 05-12-1875 te Overschie, overleden op 03-03-1915 te Rotterdam. Zoon van Willem Willems en Grietje Martijntje van Vliet (zie: 5.2). Gehuwd op 31-05-1900 te Overschie met **Elsje Maria Bussching**, geboren op 07-10-1876 te Overschie, overleden op 16-11-1952 te Rotterdam. Dochter van **Heinrich Ferdinand Bussching**, arbeider, en **Grietje Hofman**.

Abram was van beroep loswerkman. Het gezin was Nederlands Hervormd en woonde in de Burg Roosstraat 10A, laatst aan de Zaagmolendrift 34 A te Rotterdam.

Uit dit huwelijk:

1. **Hendrik Ferdinand Willems**, houtbewerker, geboren op 07-02-1902 te Overschie. Gehuwd op 10-07-1929 te Rotterdam met **Maria de Witte**, geboren op 21-07-1902 te Rotterdam. Dochter van **Benjamin de Witte** en **Geertrui Vermeulen**. Het gezin verhuisde op 26-10-1931 naar Velsen;

2. **Grietje Martijntje Willems**, overleden op 22-02-1902 te Overschie;
3. **Willem Willems**, houtzager, geboren op 22-02-1904 te Overschie. Gehuwd op 27-04-1932 te Overschie met **Anna van der Meer**, geboren op 11-07-1908 te Overschie. Dochter van **Johannes Hendrik van der Meer** en **Maria Kornelia van der Meer**;
4. **Grietje Willems**, geboren op 17-08-1906 te Overschie, overleden op 18-08-1906 te Overschie;
5. **Johan Diedrich Willems**, houtbewerker, geboren op 02-08-1907 te Overschie. Gehuwd op 22-10-1930 te Rotterdam met **Pietje van der Sloot**, geboren op 16-06-1909 te Rotterdam. Dochter van **Joost van der Sloot** en **Maaike Moret**. Het gezin is op 17-06-1935 verhuisd naar Velsen;
6. **Grietje Martijntje Willems**, geboren op 20-02-1910 te Rotterdam;
7. **Dirk Willems**, tijpograaf, geboren op 30-04-1912 te Rotterdam. Gehuwd op 03-04-1935 te Rotterdam met **Maria Cornelia van Ballegooij**, geboren op 20-08-1908 te Rotterdam. Dochter van **Arnold Carl van Ballegooij** en **Maria Kremers**. Dirk was Nederlands Hervormd en Maria was Rooms-Katholiek. Hun kinderen werden volgens opgaaf zonder geloof opgevoed;
8. **Maarten Willems**, geboren op 14-01-1914 te Rotterdam.

6.2	**Pieter Willems**, geboren op 25-04-1878 te Overschie, overleden op 17-05-1950 te Rotterdam. Zoon van Willem Willems en Grietje Martijntje van Vliet (zie: 5.2). Gehuwd op 26-10-1905 te Overschie met **Alida Sleeuwenhoek**, geboren op 18-12-1888 te Berkel en Rodenrijs, overleden op 07-09-1967 te Rotterdam. Dochter van **Pieter Sleeuwenhoek**, arbeider, en **Catharina Koster**.

Het gezin was Nederlands Hervormd. Pieter was ten tijde van het huwelijk bouwknecht, later werd hij omschreven als arbeider en landarbeider. Pieter huwde met Alida toen ze slechts 16 jaar was, hij was toen al 27. Sinds 1913 woonde Neeltje Koster, tante van Alida, in bij het gezin.

Uit dit huwelijk:

1.	**Willem Willems**, geboren op 10-08-1906 te Overschie, overleden op 21-01-1907 te Overschie;
2.	**Pieter Willems**, geboren op 14-02-1908 te Schiebroek;
3.	**Willem Willems**, ten tijde van 1^e huwelijk warmoezier, ten tijde 2^e huwelijk chauffeur, wonende te Zevenhuizen, geboren op 19-11-1910 te Overschie, overleden op 02-11-1949 te Vught. Gehuwd (1) op 05-12-1928 te Rotterdam met **Cornelia Frederike Willemsen**, geboren in circa 1911 te Arnhem. Wonende te Rotterdam. Dochter van **Cornelia Frederika Willemsen**. Gescheiden. Gehuwd

(2) op 17-01-1934 te Rotterdam met
Hendrika Cornelia van Domburg, geboren
op 16-04-1910 te Bleiswijk. Dochter van
Adriaan van Domburg, metselaar, en
Gijsberdina Elisabeth de Wit;
4. **Gerrit Willems**, geboren op 18-02-1914 te
Overschie, overleden op 25-11-1914 te
Overschie;
5. **Grietje Martijntje Catharina Willems**,
geboren op 08-07-1915 te Overschie;
6. **N.N. Willems**, vrouwelijk, tweelingzus van
Grietje Martijntje Catharina, overleden op 08-
07-1915 te Overschie;
7. **Catharina Willems**, geboren in circa 1920 te
Hillegersberg. Gehuwd op 06-09-1939 te
Rotterdam met **Antonie Ram**, tuindersknecht,
geboren op 28-03-1914 te Bleiswijk, zoon van
Johannes Ram, werkman, en **Maria Jacoba
Duivesteijn**.

6.3   **Willem Willems**, geboren op 12-09-1879 te Overschie, overleden op 25-01-1966 te Rotterdam.
Zoon van Willem Willems en Grietje Martijntje
van Vliet (zie: 5.2). Gehuwd met **Neeltje Cornelia van Dijk**, geboren op 04-05-1884 te Oost-
voorne, overleden op 08-04-1950 te Rotterdam.
Dochter van **Teunis van Dijk** en **Maartje Toledo**.

Het gezin was Nederlands Hervormd en woonde
aan de Zestienhovensekade 170. Neeltje Cornelia
woonde eerst in Brielle en sinds 29-10-1903 te
Overschie. Willem was van beroep koopman en

later veehandelaar. De vader van Neeltje, Teunis,
woonde op latere leeftijd in bij het gezin.

Uit dit huwelijk:

1. **Maartje Jacoba Willems**, geboren op 16-05-
    1904 te Overschie. Gehuwd op 29-12-1926 te
    Overschie met **Cornelis de Jong**, slager,
    geboren op 15-03-1903 te Overschie. Zoon
    van **Cornelis Mijndert de Jong**, koopman, en
    Annigje van den Dool;
2. **Willem Willems**, geboren op 22-12-1905 te
    Overschie, overleden 29-07-1906 Overschie;
3. **Grietje Martijntje Willems**, geboren op 15-
    12-1908 te Overschie. Gehuwd op 01-05-1935
    te Overschie met **Hendrik Johannes
    Sonnevelt**, controleur, geboren op 29-11-1910
    te Rotterdam. Zoon van **Nicolaas Sonnevelt**,
    directeur eener verzekeringsmaatschappij, en
    Henrietta Jacoba van den Bergh.

6.4   **Maarten Willems**, geboren op 13-04-1881 te
      Overschie, overleden op 05-01-1921 te Overschie.
      Zoon van Willem Willems en Grietje Martijntje
      van Vliet (zie: 5.2). Gehuwd op 30-04-1903 te
      Overschie met **Cornelia van Vliet**, geboren op
      03-05-1884 te Kethel en Spaland. Dochter van
      Jan van Vliet, veehouder, en **Maartje Hendrika
      van Staalduijnen**.

      Maarten was van beroep koopman. Van dit gezin
      zijn geen kinderen bekend.

6.5   **Dirk Willems**, geboren op 08-05-1888 te Overschie. Zoon van Willem Willems en Grietje Martijntje van Vliet (zie: 5.2). Gehuwd op 24-06-1915
te Overschie met **Adriana van der Gaag**, geboren op 29-05-1893 te Overschie. Dochter van
Arij van der Gaag en **Jannetje Offermans**.

Dirk was ten tijde van het huwelijk van beroep
loswerkman. Later werd hij vermeld als koopman.
Het gezin was Nederlands Hervormd en woonde
aan de Zestienhovensekade 191 te Overschie.

Uit dit huwelijk:

1. **Willem Willems**, overleden op 26-06-1916 te
   Overschie;
2. **Arie Willems**, geboren op 29-03-1917 te
   Overschie;
3. **Grietje Martijntje Willems**, geboren op 01-
   06-1918 te Overschie;
4. **Willem Willems**, geboren op 30-10-1919 te
   Overschie;
5. **Jannetje Willems**, geboren op 04-05-1921 te
   Overschie;
6. **N.N. Willems**, vrouwelijk, overleden op 25-
   05-1922 te Overschie;
7. **Dirk Willems**, geboren op 05-08-1923 te
   Overschie, overleden op 12-03-1967 te
   Rotterdam. Gehuwd met **Geertruida
   Cornelia Berck**;
8. **Adrianus Willems**, geboren op 11-08-1925 te
   Overschie;

9. **Margje Willems**, geboren op 10-02-1927 te Overschie;

10. **Abraham Willems**, geboren op 04-08-1929 te Overschie;

11. **Maarten Willems**, geboren op 02-12-1932 te Overschie;

12. **Pieter Willems**, geboren op 17-08-1934 te Overschie;

13. **Adriana Willems**, geboren op 01-03-1937 te Overschie.

6.6   **Jannetje Willems**, geboren op 23-07-1890 te Overschie, overleden op 01-09-1951 te Rotterdam. Dochter van Willem Willems en Grietje Martijntje van Vliet (zie: 5.2). Gehuwd op 14-05-1913 te Overschie met **Dirk van den Berg**, geboren op 04-05-1888 te Kethel en Spaland. Zoon van **Maarten van den Berg**, veehouder, en **Catharina van der Sar**.

Dirk was ten tijde van zijn huwelijk melkboer. Met het huwelijk van Martinus in 1939 was hij winkelier. Het gezin was Nederlands Hervormd.

Uit dit huwelijk:

1. **Martinus Willem van den Berg**, poelier, geboren op 30-06-1914 te Rotterdam. Gehuwd op 15-02-1939 te Rotterdam met **Josina Hendrika Bierling**. Dochter van **Hendrik Bierling** en **Josina Janna Cornelia Catha-**

rina Roodenrijs. Gescheiden op 11-03-1946
te Rotterdam;
2. **Willem Martinus van den Berg**, geboren op
12-11-1916 te Rotterdam.

6.7   **Marrigje Willems**, geboren op 18-09-1892 te
Overschie. Dochter van Willem Willems en Grietje Martijntje van Vliet (zie: 5.2). Gehuwd op 09-
08-1917 te Overschie met **Jacob Versloot**, geboren op 24-06-1891 te Rotterdam. Zoon van **Jacob
Versloot** en **Bastiaantje van den Berg**.

Jacob was van beroep meubelmaker. Van het gezin zijn geen kinderen bekend.

6.8   **Arie Willems**, geboren op 24-02-1897 te Overschie, overleden op 22-04-1940 te Hillegersberg.
Zoon van Willem Willems en Grietje Martijntje
van Vliet (zie: 5.2). Gehuwd op 09-07-1924 te
Rotterdam met **Klazina Milort**, geboren op 10-
12-1898 te Rotterdam, dochter van **Arie Cornelis
Milort**, voerman, en **Lijntje Rolloos**.

Arie was spoorwegarbeider. Het Nederlands Hervormde gezin woonde in Theodora Jacobalaan 8a
Overschie, de Pr.Frederik Hendrikstraat 83b Hillegersberg en Gr.v.Prinstererstraat 69a Rotterdam.

Uit dit huwelijk:

1.   **Willem Willems**, geboren op 27-10-1925 te
Overschie.

6.9 **Gerard Willems**, geboren op 18-07-1898 te Overschie. Zoon van Willem Willems en Grietje Martijntje van Vliet (zie: 5.2). Gehuwd op 29-06-1921 te Overschie met **Jacoba Macheltje van Driel**, geboren op 14-10-1898 te Overschie. Dochter van **Simon van Driel**, winkelier, en **Grietje Breugem** (uit Kethel en Spaland).

Gerard was van beroep Chauffeur. Van het gezin zijn geen kinderen bekend.

6.10 **Adrianus (Janus) Willems**, geboren op 26-02-1901 te Overschie, overleden op 26-03-1974 te Rotterdam (aan de gevolgen van botkanker), Nederlands Hervormd begraven op 30-03-1974 te Rotterdam (begraafplaats Hofwijk). Zoon van Willem Willems en Grietje Martijntje van Vliet (zie: 5.2). Gehuwd op 14-01-1925 te Rotterdam met **Geertruida Cornelia (Truus) Hilleman**, geboren op 14-04-1900 te Rotterdam, overleden op 01-07-1991 te Rotterdam (verpleeghuis Stadzicht), Rooms-Katholiek begraven op 05-07-1991 te Rotterdam (Hofwijk). Dochter van **Johannes Hilleman**, koetsier, en **Maria van Beek (Beck)**.

De Nederlands Hervormde Adrianus was van beroep motorrijtuigbestuurder en huwde in 1925 de Rooms-Katholieke Truus Hilleman. De kinderen van dit echtpaar werden net als hun moeder Rooms-Katholiek opgevoed.

Uit dit huwelijk:

1. **Grietje Martijntje Willems** (zie: 7.1);
2. **Johannes Hendrikus (Jan) Willems** (zie: 7.2);
3. **Willem Willems**, geboren 15-07-1930 te Overschie, overleden op 08-08-1940 te Overschie;
4. **Maria (Riet) Willems** (zie: 7.3).

6.11   **Grietje Martijntje Willems**, geboren op 20-03-1903 te Overschie. Dochter van Willem Willems en Grietje Martijntje van Vliet (zie: 5.2). Gehuwd op 30-04-1924 te Overschie met **Johannes van der Horst**, geboren op 29-03-1900 te Overschie, overleden op 02-04-1956 te Rotterdam. Zoon van **Pieter van der Horst** en **Pieternella Brekko**.

Johannes was van beroep huisschilder en later kruidenier. Het gezin was Nederlands Hervormd en woonde eerst in de Oranjestraat 2 te Overschie. Later woonde zij in de Aegidusstraat 47 te Rotterdam. Op 30-12-1927 verhuisden zij naar de Hoofdstraat 143 te Schiedam.

Uit dit huwelijk:

1. **Pieternella van der Horst**, geboren op 19-07-1925 te Overschie, overleden op 11-11-1943 te Rotterdam.

6.12 **Johannes Willems**, geboren op 21-11-1893 te Rotterdam, overleden op 18-05-1962 te Schiedam. Zoon van Pieter Johannes Willems en Aaltje Leuntje Maria van der Have (zie: 5.6). Gehuwd op 05-08-1920 te Schiedam met **Aaltje Johanna Snijders**, geboren op 21-10-1899 te Poortvliet, overleden op 15-07-1943 te Hoek van Holland. Dochter van **Christiaan Snijders**, stoker, en **Johanna de Jager**.

Johannes was van beroep steller in een glasfabriek, later was hij glassnijder. Aaltje overleed door een ongeluk op de spoorweg nabij Poortershaven.

Uit een eerdere relatie van Aaltje Johanna:

1. **Pieter Jurry Snijders**, geboren op 04-06-1918 te Schiedam, erkend door de moeder op 18-07-1918 te Schiedam, overleden op 23-08-1918 te Schiedam;

Uit dit huwelijk:

1. **Aaltje Leuntje Maria Willems**, geboren op 14-09-1920 te Schiedam, overleden op 01-12-1920 te Schiedam;
2. **Johanna Maria Willems**, fabrieksarbeidster, geboren in circa 1921 te Schiedam, overleden op 03-12-1940 te Schiedam;
3. **Alida Leuntje Maria Willems**, geboren in circa 1924 te Schiedam. Gehuwd op 04-02-

1942 te Schiedam met **Peter Pieter van Stijn**, plaatwerker, geboren op 26-11-1919 te Schiedam. Zoon van **Jacobus Hubertus van Stijn**, glasblazer, en **Jacoba Maria Thon**. Gescheiden op 25-02-1946 te Rotterdam;
4. **Pieter Johannes Willems**, 3 maanden, overleden op 30-08-1926 te Schiedam;
5. **N.N. Willems**, mannelijk, geboren op 08-06-1930 te Schiedam, overleden op 10-06-1930 te Schiedam.

6.13   **Jan Willems**, geboren op 26-04-1903 te Schiedam, overleden op 19-08-1965 te Schiedam. Zoon van Pieter Johannes Willems en Aaltje Leuntje Maria van der Have (zie: 5.6). Gehuwd op 12-03-1925 te Schiedam met **Leentje Baas**, geboren op 07-02-1908 te Schiedam. Dochter van **Jan Baas**, ijzerklinker, en **Jasperina van den Berg**. Gescheiden. Gehuwd (2) op 28-03-1935 te Schiedam met **Cornelia van Beers**, geboren op 15-02-1917 te Schiedam. Dochter van **Gerardus van Beers**, straatveger, en **Anna Maria Groenendijk**.

Jan was ten tijde van zijn eerste huwelijk van beroep loswerkman. Bij zijn tweede huwelijk was hij stoker van beroep en later botenbaas.

Uit het tweede huwelijk:

1. **Jan Willems**, overleden op 15-05-1940 te Schiedam.

6.14   **Janna Dora Willems**, geboren op 09-07-1906 te
        Schiedam. Dochter van Pieter Johannes Willems
        en Aaltje Leuntje Maria van der Have (zie: 5.6).
        Gehuwd op 27-07-1922 te Schiedam met **Jan
        Jacobus Plat**, loswerkman, geboren op 23-04-
        1903 te Arnhem. Zoon van **Jans Plat**, vracht-
        rijder, en **Petronella Catharina Bosman**. Ge-
        scheiden 06-03-1935 te Schiedam.

        Uit dit huwelijk:

        1. **Jan Jans Plat**, geboren in circa 1922,
            overleden op 14-12-1925 te Schiedam.

6.15   **Wilhelmina Jacoba Willems**, geboren op 31-08-
        1908 te Schiedam. Dochter van Pieter Johannes
        Willems en Aaltje Leuntje Maria van der Have
        (zie: 5.6). Gehuwd op 27-01-1927 te Kethel met
        Hendrik Veltman, loswerkman, geboren op 22-
        08-1906 te Schiedam. Zoon van **Hendrik Velt-
        man**, loswerkman, en **Maria van der Hoeven**.

        Van het gezin zijn geen kinderen bekend.

Mogelijk Willem Willems en Neeltje Cornelia van Dijk (zie: 6.3). Gré Willems herinnerde zich dat de personen op deze foto oom Willem en tante Maartje waren...

v.l.n.r. Geertruida Cornelia (Truus) Hilleman, Maria van Beek, Johannes Hilleman, Adriana Johanna Hilleman en Gerardus Johannes Hilleman (zie: 6.10).

Uitje naar het strand, rechts Truus Hilleman (zie: 6.10).

Adrianus Willems (zie: 6.10).

Truus Hilleman (zie: 6.10).

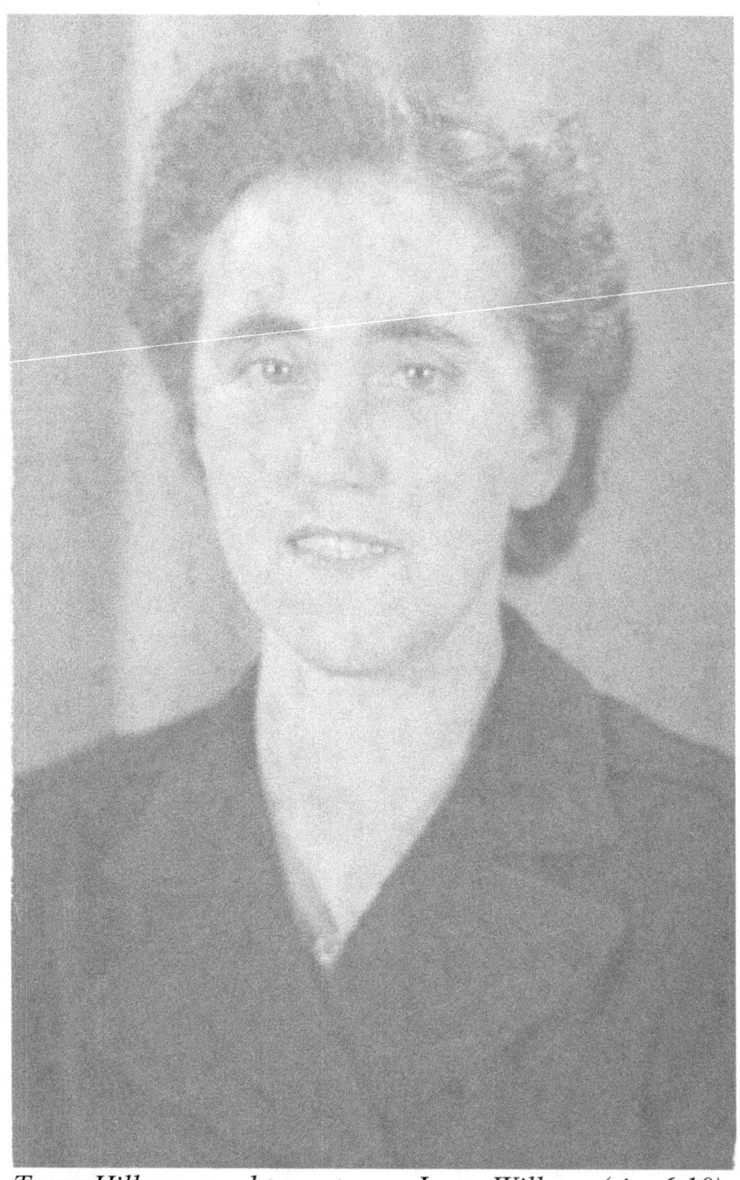

Truus Hilleman, echtgenote van Janus Willems (zie: 6.10).

*Adrianus Willems tijdens een jubileum van Postduiven-
vereniging De Blauwe Doffer, zittend tweede van links
(zie: 6.10).*

*Adrianus Willems met zijn gewonnen bekers en oorkon-
den (zie: 6.10).*

Schoolfoto van een kleuterklasje in Overschie met Willem Willems (zie: 6.10).

Willem Willems (zie: 6.10).

De broertjes Jan en Willem Willems (zie: 6.10 en 7.2).

Adrianus Willems op latere leeftijd (zie: 6.10).

Truus Willems – Hilleman op latere leeftijd (zie: 6.10).

*Huwelijksakte Johannes Willems en Aaltje Johanna Snij-
ders te Schiedam (zie: 6.12).*

7.1   **Grietje Martijntje (Gré) Willems**, geboren op
19-11-1925 te Overschie, overleden op 09-01-
2013 te woonzorgcentrum Den Hoogenban te Rotterdam-Overschie, H. Uitvaartmis op 12-01-2013
om 10:30 uur te St. Petrus' Banden te Rotterdam-
Overschie, Rooms-Katholiek begraven op 12-01-
2013 om 11:30 uur te Rooms-Katholieke begraafplaats te Rotterdam-Overschie. Dochter van Adrianus Willems en Geertruida Cornelia Hilleman
(zie: 6.10). Gehuwd op 23-04-1946 te Overschie
met **Sgt. Petrus Jozef (Piet) Fredriks HLBD**,
geboren op 09-10-1918 te Rotterdam, overleden
op 09-05-2009 om 11:00 uur te Rotterdam, H. Uitvaartmis op 14-05-2009 om 11:00 uur te St. Petrus' Banden te Rotterdam-Overschie, Rooms-
Katholiek begraven op 14-05-2009 om 12:00 uur
te Rooms-Katholieke begraafplaats te Rotterdam-
Overschie. Zoon van **Cornelis Josephus Fredriks**, smid, en **Johanna Carolina Francisca
Vink**.

Gré en Piet kregen een relatie gedurende de oorlogsjaren. Vlak voor het uitbreken van de Tweede
Wereldoorlog vervulde Piet zijn militaire dienst-
plicht. Hij werd ingedeeld in het 4de Regiment
Infanterie te Noordwijk aan Zee. Tijdens de oorlog was piet lid van de vrijwillige luchtbeschermingsdienst, de LBD. Piet kreeg op 01-02-1946
een oorkonde van de burgemeester van Rotterdam
"uit erkentelijkheid en als uiting van groote waar-
dering voor den burgerzin betoond bij het werk
als lid van de vrijwillige luchtbescherming te Rot-

terdam gedurende de oorlogsjaren 1940-1945".
Voor zijn inzet mocht hij de herinneringsmedaille
luchtbeschermingsdienst dragen.

Piet was de zoon van de smid Cornelis Fredriks.
In de vooroorlogse samenleving werd alles strikt
gescheiden. Gereformeerde boeren gingen naar
een gereformeerde smid en alle katholieke boeren
gingen naar de katholieke Cornelis voor hun
hoefijzers of reparaties aan werktuigen. Piet was
voorbestemd om de smederij van zijn vader over
te nemen. Maar kort na de oorlog bleek het
noodlijdende bedrijf niet meer te redden.

Piet en Gré waren inmiddels getrouwd en het
jonge echtpaar Fredriks-Willems verkeerde op dat
moment dan ook in geldnood. Piet besloot daarop
in dienst te gaan bij het Koninklijk Nederlands-
Indisch Leger (KNIL). Op 15-06-1946 vertrok hij
in de rang van sergeant op de MS Johan van
Oldenbarnevelt van IJmuiden naar de Oost. In de
Oost hield hij zich met name bezig met het aan-
sturen van de timmerwerkplaats. Uit deze tijd zijn
onder andere zijn opleidingsboekjes bewaard gebleven. Naar aanleiding van zijn vrijwillige dienst
bij de KNIL was Piet gerechtigd het bijzonder on-
derscheidingsteken Oorlogsvrijwilliger van de
Koninklijke marine te dragen, hetgeen hij zijn
gehele leven ook zou blijven doen.

Tijdens zijn afwezigheid beviel Gré van hun
eerste kind, Joke Fredriks. Door middel van foto's
en brieven bleef Piet op de hoogte van het wel en
wee in Overschie. Na terugkomst in Nederland
kreeg Piet in 1953 een aanstelling bij de Melkunie

als chef werkplaats technische dienst en was als zodanig verantwoordelijk voor het onderhoud van alle machines. Hier bleef hij werkzaam tot zijn pensionering.

Piet en Gré waren vrome katholieken en de pastoor kwam dan ook regelmatig op bezoek en wees hen erop dat een groot nageslacht wenselijk was voor de parochie. Ze gaven hier trouw gehoor aan, al was Gré tijdens al haar zwangerschappen continu ziek en misselijk.

Gré besteedde gedurende haar hele leven veel aandacht aan haar uiterlijk. Haar kapsel moest perfect zijn en bij haar kleren werden bijpassende sieraden uitgezocht. Ze liep er altijd bij als de verzorgde dame die ze was.

Piet was een groot liefhebber van voetbal en heeft zelf tot zijn 65ste jaar wedstrijden gespeeld, onder andere bij Excelcior. Ook Gré speelde in haar jeugd in een damesteam van Excelcior.

Halverwege de jaren '90 werd geconstateerd dat de heup van Piet was versleten en onderging hij een operatie om zijn versleten gewricht te vervangen voor een kunstmatige. Omdat tijdens de operatie de juiste maat echter niet voorhanden was kreeg hij een ander formaat waardoor Piet nooit meer zo goed zou kunnen lopen als voorheen. Jaren later onderging hij een nieuwe operatie om dit gewricht alsnog te vervangen voor een juiste maat, maar ook dit zorgde er niet voor dat Piet weer goed kon lopen.

Piet en Gré stonden altijd klaar voor hun kinderen en kleinkinderen. Ze pasten op de kleinkin-

deren als de kinderen eens een avondje uit wilden
en Piet stond regelmatig de fietsband van een van
de kleinkinderen te plakken als die weer eens lek
was. Gré ging veelal knutselen met de kleinkinderen. Zo gingen ze kaarten maken of leerde ze
hen breien terwijl Piet naar voetbal zat te kijken.

Naast voetbal was Piet liefhebber van fietsen. Zo
is een miniatuurfiets bewaard gebleven die Piet
kreeg ter herinnering aan een fietstocht op 05-04-
1986 van 60 km georganiseerd door D.S.R. Vanwege zijn vroegere werk in de smederij en zijn
liefde voor sporten als voetbal en fietsen was Piet
tot op hope leeftijd erg fit en sterk. Tot op 80-
jarige leeftijd fietste hij nog van Overschie naar
hun vakantiehuisje in Hoek van Holland. Lange
tijd wist hij te verbergen dat hij daarbij, vanwege
zijn slechte heup, regelmatig van zijn fiets viel.
Toen het eenmaal uitkwam dat hij steeds vaker
van zijn fiets viel mocht hij van de familie niet
langer met een gewone fiets op pad. Hij was echter te trots om op een driewieler verder te fietsen.

De laatste jaren reden Piet en Gré mee naar
Hoek van Holland in de auto van hun dochter
Joke en haar man John, die daar ook een vakantiehuisje hadden. 's Avonds kwamen Piet en Gré,
arm in arm, aanlopen om de avond gezellig samen
door te brengen. John maakte dan zijn beroemde
kippenvleugeltjes. Piet nam de ene na de andere,
waarna Gré ging mopperen dat hij wel weer ge-
noeg had gegeten.

Op 23-04-2006 vierden zij hun 60-jarig huwelijk
in de pastorie van de St. Petrus Banden kerk aan

de Delftweg. Ook kregen zij van de kinderen een tochtje door Overschie met een riksja.

Piet en Gré waren beide lid van het katholieke zangkoor Sint Caecilia en zongen vele jaren tijdens de zondagsmis. Met speciale gelegenheden vonden zij het altijd erg fijn wanneer de familie in grote getale aanwezig was tijdens de mis.

De 90ste verjaardag van Piet werd groots gevierd met een etentje en een rondvaart op de Pannenkoekenboot te Rotterdam. Hierbij werden niet alleen al zijn kinderen, kleinkinderen en achterkleinkinderen uitgenodigd, maar ook zijn broers met aanhang en de zus en zwager van Gré.

Tot zijn 90ste levensjaar bleven Piet en Gré zelfstandig wonen. Eerst nog in de Grote Werfstraat, de laatste jaren in de Ruijsdaelstraat. Begin 2009 was er sprake van verhuizing naar verzorgingstehuis Hogeban te Overschie. Kort voordat ze zouden verhuizen werd Piet echter ziek en werd hij opgenomen in het Sint Franciscus Gasthuis. Gedurende zijn ziektebed verhuisde Gré alvast naar de tweepersoonskamer in de Hogeban. De gezondheid van Piet ging echter snel achteruit en kort daarop overleed hij in een verzorgingstehuis te Schiebroek. Niet veel later moest Gré verplicht verhuizen naar een éénpersoonskamer in de Hogeban. Gré had het erg moeilijk zonder haar geliefde Piet. Ook haar gezondheid liet haar steeds vaker in de steek, waardoor zij regelmatig werd opgenomen in het ziekenhuis. Vanwege een bacterie raakte zij een oog kwijt, wat voor de altijd ijdele Gré onverdraagzaam was.

De vele bezoekjes van haar klein- en achter-kleinkinderen deden haar echter altijd veel goed. De laatste jaren besteedde zij veel tijd aan breien, onder andere voor het goede doel. Zo zijn nog vele knuffels van haar hand bij de familie terecht gekomen. In december 2012 ging de gezondheid van Gré snel achteruit. Uiteindelijk overleed zij kort daarop in bijzijn van haar familie.

Uit dit huwelijk:

1. **Johanna Carolina Francisca (Joke) Fredriks**;
2. **Geertruida Cornelia (Trudi) Fredriks**;
3. **Josephus Antonius (Jos) Fredriks**;
4. **Carla Maria (Carla) Fredriks**;
5. **Petrus Jozef (Peter) Fredriks**;
6. **Alexandra Cristina (Sandra) Fredriks**.

7.2 **Johannes Hendrikus (Jan) Willems**, geboren 01-11-1927 te Overschie, overleden op 23-02-2018 te Krimpen aan den IJssel. Zoon van Adrianus Willems en Geertruida Cornelia Hilleman (zie: 6.10). Gehuwd (1) in 1956 met **Rini Hartog**, overleden. Gescheiden. Gehuwd (2) op 29-06-1966 te Overschie met **Martha Fastl**, geboren op 13-10-1941 te Rotterdam.

Uit het eerste huwelijk:

1. **Adrianus (Aad) Willems**.

2. **Marco Willems.**

7.3   **Maria (Riet) Willems**, geboren op 10-08-1935 te Overschie, overleden op 26-11-2015 te Rotterdam. Dochter van Adrianus Willems en Geertruida Cornelia Hilleman (zie: 6.10). Gehuwd met **Jan Broomans**, geboren op 26-05-1934 te Rotterdam, overleden op 31-03-2015 te Rotterdam, gecremeerd te Crematorium Hofwijk te Rotterdam. Zoon van **Jan Broomans**, meubelmaker, en **Catharina Wilhelmina van Woerkens**.

Jan was van beroep meubelmaker en begon samen met zijn broer Isaac in het bedrijf van zijn vader. Vaste klanten kwamen al jaren lang naar hun werkplaats om antieke meubelstukken te laten restaureren. Jan was er altijd erg trots dat hij in deze tijd samen met zijn vader en broer hadden meegewerkt aan het project van poppenhuis Bisschop waarin het bezoek van Prins Willem V en Wilhelmina van Pruisen op 29-08-1768 aan de Leuvehaven wordt afgebeeld. Het poppenhuis dateert uit 1954 – 1957 en de vele meubels in het poppenhuis zijn vervaardigd door Meubelmakerij fa. Broomans en is te bewonderen als pronkstuk van Museum Rotterdam.

Samen met zijn broer nam Jan het familiebedrijf over van zijn vader, die het bedrijf op zijn beurt weer van zijn vader Isaac had overgenomen. Na het overlijden van zijn broer Isaac (die tevens een getalenteerde amateurkunstschilder was) zette Jan het bedrijf alleen voort. Omdat Jan en Riet tot hun grote teleurstelling geen kinderen hebben gekregen zocht Jan tegen het einde van zijn werkzame leven iemand die de ruime klantenkring en jarenlange ervaring van het bedrijf wilde overnemen. Dit lukte en na een inwerkperiode stopte Jan op zijn 65ste verjaardag met werken en genoot hij nog vele jaren samen met Riet van zijn pensioen.

Naast zijn werkzame leven waren Jan en Riet ook betrokken bij het verenigingsleven. Zo richtte Jan, met Riet aan zijn zijde, in 1982 het jongerenkoor Fortissimo op waarvan hij tevens lange tijd de dirigent was en alle muziek arrangeerde. Daarnaast heeft Jan samen met Wim van der Stap als muzikaal clownsduo de BroSta's opgetreden. Riet was vrijwilliger bij de Kajotters, waarbij theatervoorstellingen en een marionettentheater werden georganiseerd. Jan zong ook geruime tijd in het katholieke gemend koor Caecilia.

Omdat Jan en Riet zelf geen kinderen hadden waren zij erg betrokken bij de kinderen van haar zus Gré en zwager Piet. Ze waren een grote steun en toeverlaat voor hun neefjes en nichtjes in tijden dat het moeilijk ging maar organiseerden ook leuke activiteiten zoals dia-avonden voor de hele familie om leuke herinneringen op te halen. Bij feestjes ter gelegenheid van speciale gebeurtenissen zoals een jubileum of verjaardag zorgde Ome Jan altijd voor een lied over de persoon in kwestie wat door de hele familie gezongen werd terwijl hij zorgde voor de begeleiding op gitaar.

Ze genoten van leuke reisjes en uitstapjes en namen regelmatig kinderen of kleinkinderen van Gré mee. Zo waren zij de peetouders van Monique Bergman, de dochter van Joke Fredriks, en namen haar mee op uitstapjes naar het strand in Scheveningen voor een vuurwerkshow en op vakantie naar Namen in België.

Jarenlang was Jan betrokken bij Museum Oud Overschie en hij gebruikte zijn talent voor het maken van miniaturen om de Overschiese Dorpsstraat van begin 1900 als miniatuur na te maken. Vele huisjes en de kerk waren al gerealiseerd toen hij onenigheid kreeg met het museum. Op een dag besloot Jan al het werk dat hij tot nu toe had uitgevoerd samen met de toen nog jonge Nick de Vlaming, zoon van Sandra Fredriks, plat te stampen en weg te gooien. Daarnaast had Jan ook vele mappen vol gevuld met informatie en foto's over families, gebouwen en straten in Overschie. Deze zijn gelukkig wel bewaard gebleven en dankzij dit onderzoek kon hij in 2003 samen met Stef de Ridder het boek Sint Petrus' Banden: 200 jaar parochie en kerk uitgeven.

De laatste jaren had Riet erg veel last van reuma en ging zij niet vaak meer op pad. Jan zag je echter elke dag buiten voor een stevige wandeling door Overschie. Ze kregen altijd veel bezoek van neven en nichten en hun kinderen. Als Riet dan bezig was met een gerecht, zoals haar befaamde asperges met ham en ei, op het moment dat er bezoek kwam, werd er altijd een bordje op tafel gezet zodat het bezoek kon mee-eten.

Gré en Jan Willems (zie: 7.1 en 7.2).

Gré en Jan Willems (zie: 7.1 en 7.2).

Jan en Gré Willems (zie: 7.2 en 7.1).

Gré en Jan Willems (zie: 7.1 en 7.2).

Jan en Gré Willems omstreeks 1946 (zie: 7.2 en 7.1).

Drie leden van het Excelsior 20 damesvoetbalteam in 1944, rechts Gré Willems (zie: 7.1).

Excelsior 20-4 in 1944. Piet Fredriks zit voorste rij tweede van links (zie: 7.1).

Trouwfoto van Piet Fredriks en Gré Willems op 23-04-1946 (zie: 7.1).

Gré Willems in circa 1946 (zie: 7.1).

Piet Fredriks in circa 1940 (zie: 7.1).

Piet Fredriks in KNIL uniform vlak voor zijn vertrek naar de Oost samen met zijn Gré (zie: 7.1).

Piet Fredriks en Gré Willems tijdens het huwelijk van hun dochter Trudi op 17-12-1969 (zie: 7.1).

Het Kruisvaarderscohort van Sint Jan in 1942 met Jan Willems (achterste rij, derde van links)(zie: 7.2).

Groepsfoto van waarschijnlijk de katholieke gidsen met daarop jan Willems (bovenste rij links in wit overhemd met korte mouwen zonder das)(zie: 7.2).

Jan Willems (zie: 7.2).

Riet Willems (zie: 7.3).

Jan Broomans, echtgenoot van Riet Willems (zie: 7.3).

Poppenhuis Bisschop waarin het bezoek van Prins Willem V en Wilhelmina van Pruisen op 29-08-1768 aan de Leuvehaven wordt afgebeeld. Bron: Museum Rotterdam.

Interieur van het poppenhuis Bisschop vervaardigd door fa. Broomans.

Interieur van het poppenhuis Bisschop vervaardigd door fa. Broomans.

Tante Riet Broomans – Willems op 20-11-2011.

Ome Jan Broomans op 20-11-2011.

Appendix I, Afstammingsreeks
Karel de Grote – Grietje Martijntje Willems

1   **keizer Karel I de Grote** (742 - 814) X
Hildegard van Zwaben (758 - 783).

2   **keizer Lodewijk I (de Vrome)** (778 - 840) X
Judith van Beieren (ca. 800 - 853).

3   **keizer Karel (de Kale)** (823 - 877) X
Ermentrudis van Orléans (830 - 869).

4   **Judith van West-Francië** (844 – 870) X **graaf
Boudewijn I van Vlaanderen** (837 – 879).

5.   **graaf Boudewijn II van Vlaanderen** (863 – 918)
X **Elfrida van Wessex** (868 – 929).

6.   **graaf Arnulf I van Vlaanderen** (886 – 965) X
Aleidis van Vermandois (910 – 958).

7.   **Hildegard van Vlaanderen** (938 – 990) X **graaf
Dirk II van Holland** (930 – 988).

8.   **graaf Arnulf I van Holland** (951 – 993) X
Lutgardis van Luxemburg (955 – 1005).

9.   **graaf Dirk III van Holland** (981 – 1039) X
Othilde van Saksen (985 – 1044).

10. **graaf Floris I van Holland** (1030 – 1061) X
Geertruida van Saksen (1033 – 1113).

11. **graaf Dirk V van Holland** (1054 – 1091) X
Othelhildis (1054 – 1083).

12. **graaf Floris II van Holland** (1085 – 1121).

13. **Hadewich Florijs van Holland**, natuurlijke
dochter van graaf Floris II (1115 – 1157) X **Hugo
III van Voorne**, heer van Voorne (1100 – 1155).

14. **Dirk I van Voorne**, ridder, heer van Voorne
(1130 – 1189) X **jonkvrouw van Naeldwijc**.

15. **Bartholomeus van Voorne** (van Maerlant) van
Naaldwijck, heer van Naaldwijk (1170 – 1215).

16. **Hugo I van Naeldwijc van Voorne**, ridder, heer
van Naaldwijk, erfmaarschalk van Noordholland
(1195 – 1261) X **Van Velzen**.

17. **Hugo II van Naeldwijc**, erfmaarschalk van
Holland (1220 – 1263).

18. **Boudewijn van Naeldwijc** (1250 – 1296).

19. **Sophia Boudewijns van Naeldwijc** (1290 –
1333) X **Jan Coppaerdsz. van Schipliede** (Jan
van Dorp) (1280 – 1350).

20.   **Coppaerd Jansz. van Dorp**, leenman (1323 –
        1366) X **Ade** (1330).

21.   **onbekende dochter van Coppaerd Jansz. van
        Dorp** (1345) X **Meijns** (1320 – 1360).

22.   **Coppaert Meijnsensz.** (1360) X **Lijsbeth**.

23.   **Kerstant Coppaertsz.**, heilige geestmeester te
        Naaldwijk (1380 – 1424).

24.   **Jan Kerstantsz.** (1405 – 1425) X **Katrijn**.

25.   **Kerstant Jansz. van der Vliet**, bouwman te
        Naaldwijk, leenman van Oud Alkemade (1425 –
        1483).

26.   **Jacob Kerstantsz. van der Vliet**, kerkmeester en
        heilige geestmeester te Naaldwijk (1445 – 1482)
        X **Machteld**.

27.   **Kerstant Jacobsz. van Vliet van der Woerd**,
        Heilige Geestmeester (1470 en 1497) en
        kerkmeester van Naaldwijk tussen 1477 en 1478
        (overl. 1515) X **Machtelt Bartholomeesdr. (van
        Dorp)** (overl. 1524).

28.   **Alijt (Aeltgen) Corssendr. van Vliet van der
        Woerd** (1500 –1555) X **Anthonis Dircksz. van
        Dijck**, schepen van Hodenpijl (1500 – 1554)

29. **Dirck Anthonisz. van Dijck**, welgeboren man van Delfland (1520 – 1589) X **Trijntgen Jacobsdr.**

30. **Jacob Dircksz. van Dijck**, leenman van het Huis Honingen (overl. 1580) X **Dirckgen Dircksdr.**

31. **Trijntje Jacobsdr. van Dijck** (overl. 1629) X **Adam Cornelisz.**, bogaerdman (overl. 1622).

32. **Jan Adamse van Dyck** (overl. 1685) X **Aaltje Jansdr. Viverberg** (overl. 1637).

33. **Jannetje Jansdr. van Dijk** (1645 – 1691) X **Leendert Cornelisz. van Es.**

34. **Dirkje Leenders (Dirckje Leenderts) van Es** (1688 – 1738) X **Sijmen Pietersz. (Simon) Post** (1692 – 1741).

35. **Jan Post** (1731) X **Jannetje Willemdr. Opstal** (1735).

36. **Willem Jansz. Post**, boerenarbeider, bouwman (1765 – 1807) X **Johanna (Jannetje) Vellekoop**, naaister (1767 – 1849).

37. **Maartje Post**, werkster (1794 – 1851) X **Friedrich Wilhelm Richert**, boerenarbeider (1798).

38.	**Jannetje Richert (Riekert)** (1823 – 1884) X
Pieter Willems, opperman (1828 – 1897).

39.	**Willem Willems**, bouwman (1856 – 1919) X
Grietje Martijntje van Vliet (1857 – 1940).

40.	**Adrianus (Janus) Willems**, motorrijtuigbestuur-
der (1901 – 1974) X **Geertruida Cornelia
(Truus) Hilleman** (1900 – 1991).

41.	**Grietje Martijntje (Gré) Willems** (1925 – 2013)
X **Petrus Jozef (Piet) Fredriks**, smid, chef
werkplaats Melkunie (1918 – 2009).

Appendix II, Afstammingsreeks
Karel de Grote – Petrus Jozef Fredriks

1   **keizer Karel I de Grote** (742 - 814) X
      Hildegard van Zwaben (758 - 783).

2   **keizer Lodewijk I (de Vrome)** (778 - 840) X
      Judith van Beieren (ca. 800 - 853).

3   **keizer Karel (de Kale)** (823 - 877) X
      Ermentrudis van Orléans (830 - 869).

4   **Judith van West-Francië** (844 – 870) X **graaf
      Boudewijn I van Vlaanderen** (837 – 879).

5.   **graaf Boudewijn II van Vlaanderen** (863 – 918)
      X **Elfrida van Wessex** (868 – 929).

6.   **graaf Arnulf I van Vlaanderen** (886 – 965) X
      Aleidis van Vermandois (910 – 958).

7.   **Hildegard van Vlaanderen** (938 – 990) X **graaf
      Dirk II van Holland** (930 – 988).

8.   **graaf Arnulf I van Holland** (951 – 993) X
      Lutgardis van Luxemburg (955 – 1005).

9.   **graaf Dirk III van Holland** (981 – 1039) X
      Othilde van Saksen (985 – 1044).

10.   **graaf Floris I van Holland** (1030 – 1061) X
        Geertruida van Saksen (1033 – 1113).

11.   **graaf Dirk V van Holland** (1054 – 1091) X
        Othelhildis (1054 – 1083).

12.   **graaf Floris II van Holland** (1085 – 1121) X
        Petronilla van Saksen (1082 – 1144).

13.   **graaf Dirk VI van Holland** (1114 – 1157) X
        Sophia van Bentheim (1115 – 1176).

14.   **graaf Otto I van Bentheim** (1135 – 1208) X
        Alvaradis van Arnsberg (1140 – 1205).

15.   **Marina van Bentheim** (1190 – 1252) X **Ricold I
        van Ochten** (1210 – 1241).

16.   **Bertha van Ochten** (1230 – 1281) X **Jan I van
        Arkel (de Sterke, heer van Arkel, ridder)** (1233
        – 1272).

17.   **Margaretha van Arkel** (1264 – 1312) X **ridder
        Hubert I van Beusichem** (1240).

18.   **Clemense van Beusichem van Schounauwen**
        (overl. 1353) X **Jan I van Heukelum,** heer van
        Leyenberch (overl. 1374).

19.   **Hubrecht van Leyenburch.**

20.   **Dirk van Leyenburch** (overl. 1441).

21.   **Dircksdr. van Leyenburg** X **Jan Woutersz.
       Koevoet van Rosendael** (1368 – 1430).

22.   **Dirck Jansz. van Koevoet** (1398 – 1430) X
       Aleid Woutersdr. van Gellecum (1420 – 1464).

23.   **Sijmon Dircksz. van Koevoet**, poorter van Delft
       (1410) X **Geertrui van Groenewegen** (1415).

24.   **Dirck Sijmonsz. Groenewegen (van
       Naeldwijck)**, jeruzalemridder, vroedschap te
       Delft in 1474, burgemeester van Delft (1469 –
       1475), schepen van Delft (1441 – 1501).

25.   **Huijbrecht Groenewegen** (1485).

26.   **Pieter Huijbrechtsz. Groenewegen** (1515) X
       Stijntje Ariënsdr. (1520).

27.   **Claes Groenewegen** (1545 – 1639) X **Stijntge
       Arentsdr.** (1550).

28.   **Jacob Claesz. Pieter Groenewegen** (1590) X
       Aeghgen Pouwelsdr. (1595 – 1649).

29.   **Claes Groenewegen** (1628 – 1699) X **Martijntje
       van Worckum** (1633 – 1705).

30.   **Jacobus Claesz. Groenewegen** (1666 – 1722) X
       Wijntje Bijsterveld (1671 – 1715).

31.   **Cijtje Groenewege(n)** (1709 – 1795) X **Claas van der Goes** (1703).

32.   **Arij van der Goes** (1735 – 1820) X **Klazina Velthoven** (overl. 1809).

33.   **Catharina van der Goes** (1767 – 1844) X **Arnoldus Bakker**.

34.   **Arnoldus Bakker** (1797 – 1852) X **Theodora Kerver** (1788 – 1873).

35.   **Helena Bakker** (1824 – 1887) X **Cornelis Dries**, brandersknecht (1827 – 1885).

36.   **Klazina Theodora Dries**, dienstbode (1854 – 1927) X **Gerardus Fredriks**, scheepmaker, koster (1856 – 1925).

37.   **Cornelis Josephus Fredriks**, smid (1885 – 1969) X **Johanna Carolina Francisca Vink** (1883 – 1940).

38.   **Petrus Jozef Fredriks**, smid, chef werkplaats Melkunie (1918 – 2009) X **Grietje Martijntje Willems** (1925 – 2013).

Geraadpleegde bronnen

Begraafplaats Hofwijk, Rotterdam.

Centraal Bureau voor Genealogie.

Familiearchief van de familie Roeling.

Gemeentearchief Gorinchem.

Gemeentearchief Leiden.

Gemeentearchief Rotterdam.

Gemeentearchief Schiedam.

Kwartierstaat van Emma, Valentijn en Victoria Roeling, Jkr. Dr. S.E.M. Roeling, Genealogisch & Heraldisch Bureau S. Roeling, 2020.

Nederlandse familienamen databank, Meertens Instituut.

Nederlandse voornamen databank, Meertens Instituut.

WieWasWie, wiewaswie.nl, 2020.

Stamboomforum, Elisabeth Wassenaar en Petrus Willems, Anja van Leeuwe, 2020.

Van een oud gasthuis tot 't nieuwe gasthuis, A.J. Busch, archivaris v an Gorinchem, 2019.